Georg F. Schröder

Datenschutzrecht für die Praxis

dtv

Beck-Rechtsberater

Datenschutzrecht

für die Praxis

Grundlagen · Datenschutzbeauftragte
Audit · Handbuch · Haftung etc.

Von Dr. Georg F. Schröder, LL.M.,
Rechtsanwalt in München

Deutscher Taschenbuch Verlag

www.dtv.de
www.beck.de

Originalausgabe

Deutscher Taschenbuch Verlag GmbH & Co. KG,
Friedrichstraße 1a, 80801 München
© 2012. Redaktionelle Verantwortung: Verlag C.H. Beck oHG
Druck und Bindung: Druckerei C.H. Beck, Nördlingen
(Adresse der Druckerei: Wilhelmstraße 9, 80801 München)
Satz: ottomedien, Darmstadt
Umschlaggestaltung: Agentur 42, Bodenheim
unter Verwendung eines Fotos von Fotolia
ISBN 978-3-423-50711-0 (dtv)
ISBN 978-3-406-60533-8 (C. H. Beck)

9 783406 605338

Vorwort – Am Datenschutz kommt heute kein Unternehmen mehr vorbei

Kaum ein anderes Rechtsgebiet hat in den letzten Jahren mehr an Bedeutung gewonnen als das Datenschutzrecht. Während dieses Spezialgebiet früher ein gewisses Schattendasein geführt hat, kommt heute kein Unternehmen mehr ohne ein solides Fundament im Datenschutz aus. Hierfür gibt es im Wesentlichen drei Gründe: Ersten: Unsere Welt wird immer digitaler. Während früher noch klassische Papierakten und Karteikarten geführt wurden, kommt heute kaum ein Unternehmen mehr ohne Datenbanken und Customer Relationship Management Systeme aus. So hat das iPhone und damit auch datengestützte Dienste Einzug in unseren Alltag gefunden und scheint unverzichtbar. Zweitens: Personenbezogene Daten stellen einen wesentlichen Unternehmenswert dar. Die Detailtiefe, mit der personenbezogene Kundendaten analysiert und ausgewertet werden können, hat ein bislang nie bekanntes Maß erreicht. Das gilt auch und gerade für personenbezogene Daten und lässt sich gut am Unternehmenswert von Facebook verstehen, der insbesondere wegen dieser Daten bei der Börseneinführung mit 115 Milliarden EURO bewertet wurde. Kunden von amazon wissen: Es ist fast beängstigend, wie anhand der Daten des Kaufverhaltens eines Kunden Produktempfehlungen für zukünftige Kaufempfehlungen ausgesprochen werden. Viele der empfohlenen Bücher und CD`s hat man in Echt schon längst im Schrank stehen! Drittens: In unserer digitalen Welt wird das Wirtschaftsgut Daten immer öfters mit krimineller Energie angegriffen und ausgespäht. Mittlerweile vergeht fast kein Tag, an dem nicht über einen neuen Datenschutzskandal berichtet wird.

Der Gesetzgeber läuft dieser rasanten Entwicklung hinterher: Wer hätte noch vor wenigen Jahren gedacht, dass ein Gesetz zur Regelung des Einsatzes von „Cookies" erforderlich sein könnte. Und wer hätte sich jemals ernsthaft gefragt, welche Voraussetzungen aus datenschutzrechtlicher Sicht für den Einsatz von Google Analytics erforderlich sind. Die letzte Reform des Datenschutzrechts trat Ende 2009 in Kraft und es ist aktuell noch ungeklärt, in welcher konkreten Ausgestaltung diese neue Reform des Datenschutzrechts tatsächlich erlassen wird. Fest steht aber schon heute, dass auch die aktuelle Novellierung nicht alle neuen Probleme und Konstellationen beim Umgang mit personenbezogenen Daten abdecken wird.

Deshalb ist die Beurteilung vieler aktueller und gesetzlich nicht im Detail geregelter Fragen der Auslegung durch die Datenschutzbehörden überlassen. Kommt ein Unternehmen bei diesen Behörden zum Beispiel durch viele Kundenbeschwerden im Bereich Datenschutz in den Fokus, drohen mittlerweile empfindliche Bußgelder, die bei den bislang größten Verfahren in Deutschland Deutsche Bahn und Lidl bei jeweils mehr als einer Millionen Euro lagen.

Um dies bei Ihrem Unternehmen zu vermeiden, soll Ihnen das vorliegende Werk helfen. Es wurde dabei bewusst eine praxisnahe Darstellung gewählt, die auch für den Nichtfachmann und Neuling im Datenschutz verständlich und nachvollziehbar ist. Konsequent angewandt werden Ihnen die Tipps und Empfehlungen dabei helfen, die schwersten Fehler im Datenschutz zu vermeiden und Ihr Unternehmen datenschutzkonform auszurichten. Dabei wünsche ich Ihnen und Ihrem Unternehmen viel Erfolg!

München, im Juli 2012   Georg Schröder

Inhaltsübersicht

Vorwort V
Inhaltsverzeichnis XI

1. Kapitel
Einleitung 1

2. Kapitel
Datenschutzrechtliche Grundlagen 9

3. Kapitel
Datenschutz in der Personalabteilung/Arbeitnehmerdatenschutz 31

4. Kapitel
Marketing und Werbung 129

5. Kapitel
Datenverarbeitung im Auftrag 169

6. Kapitel
Technische Organisatorische Maßnahmen/Datensicherheit 185

Inhaltsverzeichnis

Vorwort V
Inhaltsübersicht... VII

1. Kapitel
Einleitung 1

1. Datenschutz – Historie und Ausblick 1
a) Geburtstunde: Volkszählungsurteil 1
b) Datenschutzskandale 4
c) Ausblick 6

2. Wie Ihnen dieses Buch hilft 7
a) Aufbau 7
b) Checklisten/Muster und Beispiele 8

2. Kapitel
Datenschutzrechtliche Grundlagen 9

1. Was ist Datenschutz? 9
a) Datensubjekt und Informationelle Selbstbestimmung 9
b) Personenbezogene Daten – was zählt dazu? 10
c) Verarbeitungstatbestände 11
d) Gesetzliche Grundlagen 12
e) Datenschutzrechtliche Grundsätze 13
   aa) Verbot mit Erlaubnisvorbehalt 13
   bb) Auskunfts- und Korrekturrechte des Betroffenen .. 14
   cc) Datensicherheit 15
   dd) Rechtliche Risiken und Sanktionen 16
   ee) Datenvermeidung und Datensparsamkeit 17
   ff) Kontrolle/Der Datenschutzbeauftragte 18
   gg) Verfahrensverzeichnisse 18

2. Gesetzgeberische Aktivitäten 20
a) Datenschutzreform 2009 20
   aa) Informationspflichten gemäß § 42 a BDSG:
      Datenschutzpranger 21
   bb) Datensparsamkeit und Anonymisierung 24
   cc) Datenschutzbeauftragter 25
   dd) Auftragsdatenverarbeitung 26
   ee) Direktmarketing ohne Einwilligung 26
   ff) Direktmarketing mit Einwilligung 28
   gg) Scoring und Auskunfteien 29
   hh) Stärkung der Position der Aufsichtsbehörden 29
b) Arbeitnehmerdatenschutz 29

3. Kapitel
Datenschutz in der Personalabteilung/
Arbeitnehmerdatenschutz 31

1. Bewerberdaten und Bewerbungsprozess 31
a) Welche Daten dürfen erhoben werden? 31
   aa) Immer zulässig: Stammdaten 31
   bb) Schutzwürdige Daten 34
   cc) Vorstrafen... 35
   dd) Schwerbehinderung und Krankheiten 36
   ee) Gewerkschaftszugehörigkeit 38
   ff) Religiöse Überzeugung 38
   gg) Soziale Netzwerke....................................... 39
b) Medizinische Untersuchungen und Eignungstests 41
   aa) Medizinische Untersuchungen 41
   bb) Eignungstests 42
c) Speicherdauer 43
d) Weitergabe im Konzern 44
e) Online-Bewerbungen 46
f) Personalberater 48

2. Arbeitsvertrag/Erforderliche Unterlagen 50
a) Zwingend: Verpflichtung auf das Datengeheimnis 50
b) Konzernprivileg... 52
c) Merkblatt Datenschutz.. 53

3. Datenspeicherung im Arbeitsverhältnis 54
a) Umfang der Verarbeitung 54
    aa) Grundsätze 54
    bb) Einzelfälle 55
b) Übermittlung an Dritte 56
c) Übermittlung ins Ausland 58
d) Löschung und Sperrung 60
e) Löschung nach Beendigung des Arbeitsverhältnisses 61

4. Personalakte 63
a) Gesetzliche Rahmenbedingungen 63
b) Das ist datenschutzrechtlich zu beachten 64
    aa) Zugriff auf die Personalakte 64
    bb) Inhalte 66
    cc) Rechte des Arbeitnehmers 67

5. Nutzung von Internet und E-Mail 70
a) Rechtslage bei Gestattung privater Internet
    und E-Mail-Nutzung 70
    aa) Telekommunikationsgesetz 70
    bb) Bundesdatenschutzgesetz 72
b) Rechtslage bei Verbot privater Internet- und E-Mail-
    Nutzung 74
c) Ansprüche des Arbeitnehmers 74
d) Wichtig: Regeln der Internet und E-Mail Nutzung 75
    aa) Regelung in Internet und E-Mail Policy 76
    bb) Regelung in einer Betriebsvereinbarung 77
    cc) Checkliste: Internet- und E-Mail Policy 86

6. Nutzung von Telefondaten 89
a) Allgemeine Grundsätze sowie Gespräche mit einer
    Interessenvertretung 89
b) Call-Center und telefonische Kundenbetreuung 89

7. Datenschutz und Betriebsrat 90
a) Geltung des BDSG für den Betriebsrat 90
b) Datenschutz im Betriebsrat 91

8. Videoüberwachung 92
a) Videoüberwachung im öffentlichen Betriebsgelände 92
b) Videoüberwachung im nicht-öffentlichen Betriebsgelände . 95
c) Videoüberwachung in Rückzugsflächen 96

9. Ortungssysteme 97

10. Biometrische Verfahren 100

11. Datenerhebung bei Straftaten und Pflichtverletzungen . 101
a) Grundsatz: Erhebung von Daten nur mit Kenntnis 101
b) Vorraussetzungen der Datenerhebung 102
c) Zweckgebundenheit/Verhältnismäßigkeit 103
d) Zeitliche und technische Einschränkungen 105

12. Datenschutzrechtliche Haftung und Strafbarkeit 106

13. Anonymisierter Abgleich von Daten 108
a) Straftaten und Pflichtverletzungen 109
b) Anonymisierte oder pseudonymisierte Nutzung 110

**14. Unterrichtungspflicht bei Datenpannen sowie
Beschwerderecht** 111

15. Mitarbeiterschulungen 113

16. Der Datenschutzbeauftragte 114
a) Pflicht zur Bestellung 114
b) Fachkunde und Zuverlässigkeit 115
c) Datenschutzbeauftragter und Betriebsrat 116
d) Bestellung des Datenschutzbeauftragten 117
e) Aufgaben des Datenschutzbeauftragten 119
f) Abberufung 121
g) Haftung 122
h) Interner und externer Datenschutzbeauftragter 123

17. Datenschutz bei Unternehmensverkäufen 125

18. Praxischeckliste 126

4. Kapitel
Marketing und Werbung 129

1. Kunden- und Interessentendaten 129
a) Grundsätze 129
b) Direkterhebung/Unterrichtungspflicht 130
c) Möglichkeiten und Grenzen des CRM 131
   aa) Nutzungsprofile 131
   bb) CRM in der Praxis 133

2. Online-Marketing 133
a) Internetauftritt 134
   aa) Impressum 134
   bb) Datenschutzhinweis 136
b) Leadgenerierung 138
   aa) Datenschutzrechtliche Einwilligung immer erforderlich 139
   bb) Inhalt 139
   cc) Koppelungsverbot 140
   dd) Wettbewerbsrechtliche Einwilligung 141
   ee) Confirmed-Opt In 143
c) Analyse des Nutzerverhalten im Internet 144
   aa) Online Nutzungsprofile/Düsseldorfer Kreis 144
   bb) Google Analytics 146

3. Adressbroking 151
a) Grundsätze 151
b) Adressbroking business to business 152
c) Adressbroking bei Verbrauchern 153
d) Spendenwerbung 155
e) Widerspruchsrecht/Hinweispflicht 155
f) Verträge mit Adressbrokern 156

4. Dienstleister und Agenturen 159
a) Verpflichtung auf das Datengeheimnis 159
b) Datenauftragsverarbeitung 161

5. Web 2.0 und Social Media 161
a) Datenschutzniveau der jeweiligen Netzwerke 162
b) Datenschutzrechtliche Aspekte im Unternehmen 163

c) Social Media Policy 165

6. Praxischeckliste 167

5. Kapitel
Datenverarbeitung im Auftrag 169

1. Überblick 169

2. Definition/Vorliegen der Datenverarbeitung im Auftrag .. 170

3. Rechtsfolgen 172
a) Überprüfung der technischen organisatorischen
   Maßnahmen 172
   aa) Erstauswahl 172
   bb) Erstkontrolle/Vorabkontrolle 173
   cc) Regelmäßige Kontrolle 174
b) Vertragsinhalte 175

4. Auslandsbezug 176
a) Systematik 176
b) Kein Drittland (Beispiel Frankreich) 177
c) Drittland mit angemessenem Datenschutzniveau
   (Beispiel Schweiz) 177
d) Sonderfall USA 178
e) Drittland ohne angemessenes Datenschutzniveau
   (Beispiel Russland) 178
f) EU-Standardvertragsklausel 179
g) Überblick: 180

5. Cloud-Computing 181
a) Technische Hintergründe und Begriffsdefinition 181
b) Datenschutzrechtliche Bewertung 182

6. Kapitel
Technische Organisatorische Maßnahmen/
Datensicherheit 185

1. Datenschutz und Datensicherheit 185
a) Grundsätze 185
b) Gesetzliche Rahmenbedingungen 186

2. Auditierungen 188
a) Alternativen 188
b) Einzelne IT-Sicherheitskonzepte 189
    aa) IT-Grundschutzkatalog 189
    bb) CobiT 191
    cc) ISO 9000 192
    dd) ISO/IEC 17799 und BS 7799 193

3. Umsetzung in der Praxis 193
a) Dokumentation technisch-organisatorischer Maßnahmen . 193
b) IT-Security Policy 196

Sachverzeichnis 201

1. Kapitel

Einleitung

1. Datenschutz – Historie und Ausblick

a) Geburtstunde: Volkszählungsurteil

Bereits im Jahr 1970 wurde das erste deutsche Gesetz zum Datenschutz erlassen: das 1. Hessische Datenschutzgesetz (HDSG, GVBl. I 1970, 625). Auch wenn es bereits in den sechziger Jahren in den USA unter der Regierung von John F. Kennedy Diskussionen zum Thema „Privacy" gab, stellte das HDSG das auch weltweit erste Gesetz zum Datenschutz dar. Deutschland war auf dem Gebiet der Gesetzgebung also weltweiter Vorreiter, auch wenn der praktische Anwendungsbereich dieses Gesetzes sich damals noch auf die öffentliche Hand beschränkte. Das war wohl auch darauf zurückzuführen, dass die elektronische Datenverarbeitung im privaten Bereich *de facto* noch nicht vorhanden war und ein damit bestehendes Bedrohungs- und Missbrauchspotential überwiegend im Bereich der öffentlichen Verwaltung vermutet wurde.

Nachdem weitere Bundesländer eigene Datenschutzgesetze erlassen hatten, sah sich der Gesetzgeber auf Bundesebene veranlasst, einen einheitlichen Rahmen für den Regelungsbereich des Datenschutzes zu schaffen und erließ im Jahr 1977 das erste Bundesdatenschutzgesetz (BDSG). Deutschland hatte somit lange Zeit vor der Ausbreitung der elektronischen Datenverarbeitung ein umfassendes Regelwerk zum Datenschutz. Die Anwendung dieses Gesetzes in der Praxis, aber auch die öffentliche Wahrnehmung war jedoch trotz dieser gesetzgeberischen Pionierarbeit sehr gering: Computer, Netzwerke und (erst recht) das Internet waren in Privathaushalten so gut wie noch nicht vorhanden. Im großen Stile erfolgte die elektronische Datenverarbeitung lediglich im Bankensektor und der öffentlichen Hand.

Dieser Zustand änderte sich schlagartig mit dem sogenannten „Volkszählungsurteil", welches vom Bundesverfassungsgericht am 15.12.1983 verkündet wurde (BVerfGE 65, 1). Zu Recht wird dieses Urteil, dessen Grundsätze bis heute Auswirkungen auf das Datenschutzrecht in Deutschland haben, als „Geburtsstunde des Datenschutzes" bezeichnet:

Gegenstand des Volkszählungsurteils war eine vom deutschen Gesetzgeber geplante umfassende Volks-, Berufs-, Wohnung- und Arbeitsstättenzählung auf Grundlage des sogenannten Volkszählungsgesetzes (BGBl. I 1982, 369). Da die elektronische Datenverarbeitung in den 80er Jahren bereits recht fortgeschritten war und eine vermehrte Ausbreitung auch im privaten Bereich prognostiziert wurde, regte sich gegen die geplante Volkszählung weitreichender Widerstand.

Dieser war nicht nur auf politische Randgruppen beschränkt, sondern zog sich durch weite Bereiche der gesamten Öffentlichkeit, was wohl auch darauf zurückzuführen war, dass durch die Volkszählung erstmals jeder Bundesbürger betroffen war und befragt wurde. Zu Protesten führte dabei vor allem, dass der Gesetzgeber nicht nur eine bloße Zählung der Bevölkerung vornehmen wollte, sondern darüber hinaus weitreichende, zum Teil sehr private Informationen abfragen wollte. Hierzu zählten unter anderem:

- die Zugehörigkeit oder Nichtzugehörigkeit zu einer Religionsgemeinschaft;

- die Quelle des überwiegenden Lebensunterhaltes;

- Beteiligung am Erwerbsleben, Eigenschaft als Hausfrau;

- die Stellung im Beruf und die ausgeübte Tätigkeit;

- die Förderung der Wohnung mit Mitteln des sozialen Wohnungsbaus;

- (bei Betrieben) die Summe der Bruttolöhne und Gehälter des vorhergehenden Kalenderjahres.

Da sowohl die Bundes-, als auch die Länderregierungen das Gesetz und die Volkszählung als solche für zulässig und rechtmäßig hielten, war die Überraschung groß, als das Verfassungsgericht mit einem weitreichenden Grundsatzurteil auf zahlreiche eingegangene Verfassungsbeschwerden reagierte. Im Kern wurden weite Bereiche der geplanten Volkszählung für verfassungsrechtlich *unzulässig* erklärt. Neu war: Das Bundesverfassungsgericht sah erstmals im Datenschutz ein eigenes grundgesetzlich geschütztes Recht, in dem es die sogenannte informationelle Selbstbestimmung als verfassungsrechtliches Gut erkannte und umfassend begründete: Die Möglichkeiten der modernen Datenverarbeitung seien weithin nur noch für Fachleute durchschaubar und können beim Staatsbürger die Furcht vor einer unkontrollierbaren Persönlichkeitserfassung selbst dann auslösen, wenn der Gesetzgeber lediglich solche Angaben verlangt, die erforderlich und unzumutbar sind.

In den deutlichen Worten des Bundesverfassungsgerichts:

„Mit dem Recht auf informationelle Selbstbestimmung wären eine Gesellschaftsordnung und eine diese ermöglichende Rechtsordnung nicht vereinbar, in der Bürger nicht mehr wissen können, wer was wann und bei welcher Gelegenheit über sie weiß. Wer unsicher ist, ob abweichende Verhaltensweisen jederzeit notiert und als Information dauerhaft gespeichert, verwendet oder weitergegeben werden, wird versuchen, nicht durch solche Verhaltensweisen aufzufallen. [...] Dies würde nicht nur die individuellen Entfaltungschancen des Einzelnen beeinträchtigen, sondern auch das Gemeinwohl, weil Selbstbestimmung eine elementare Funktionsbedingung eines auf Handlungsfähigkeit und Mitwirkungsfähigkeit seiner Bürger begründeten freiheitlichen demokratischen Gemeinwesens ist. Hieraus folgt: Freie Entfaltung der Persönlichkeit setzt unter den modernen Bedingungen der Datenverarbeitung den Schutz des Einzelnen gegen unbegrenzte Erhebung, Speicherung, Verwendung und Weitergabe seiner persönlichen Daten voraus. Dieser Schutz ist daher von dem Grundrecht des Art 2 Abs. 1 GG in Verbindung mit Art 1 Abs. 1 GG umfasst. Das Grundrecht gewährleistet insoweit die Befugnis des Einzelnen, grundsätzlich selbst über die Preisgabe und Verwendung seiner persönlichen Daten zu bestimmen."

Das Volkszählungsurteil führte zu weitreichenden Veränderungen in der Gesetzgebung und einer Novellierung des Bundesdatenschutzgesetzes im Jahre 1995. Der Datenschutz war seit diesem Zeitpunkt ein wichtiger Bestandteil der Gesetzgebung und es ist auch für das heutige Verständnis und der Interpretation datenschutzrechtlicher Vorschriften hilfreich, zu verstehen, worauf wesentliche Teile unserer datenschutzrechtlichen Bestimmungen beruhen: dem Widerstand der Bürger gegen eine extensive Erhebung von Daten durch den Staat und einer hierauf ergangenen Entscheidung des Bundesverfassungsgerichts, welches jedem einzelnen Bürger ein Recht auf informationelle Selbstbestimmung einräumt.

b) Datenschutzskandale

Auch wenn das Bundesdatenschutzgesetz und weitere Spezialregelungen zum Datenschutz (zum Beispiel im Bereich des Internet das damalige Teledienstedatenschutzgesetz) in der Gesetzgebung fest verankert waren, führte der Datenschutz in den neunziger Jahren in der unternehmerischen Praxis eher ein Schattendasein. Selbst wenn den Unternehmen bewusst war, dass datenschutzrechtliche Vorgaben erfüllt werden müssen, wurden diese zum Teil lediglich pro forma oder auch überhaupt nicht umgesetzt. Grund hierfür war auch, dass die Datenaufsichtsbehörden zum Teil personell nicht sehr stark besetzt waren, eine Verfolgung von Ordnungswidrigkeiten nicht sehr wahrscheinlich war und eine derartige Verfolgung sich im Regelfall auf gravierende und vorsätzlich begangene Verstöße beschränkte.

In jüngster Vergangenheit rückte das Thema Datenschutz jedoch vermehrt in den Blickpunkt der Öffentlichkeit: Zahlreiche Datenschutzskandale mit zum Teil hohen Bußgeldern und verheerender Außenwirkung auf die betroffenen Unternehmen führten dazu, dass das Thema nunmehr auch von den Unternehmen selbst als essentielle Unternehmensaufgabe wahrgenommen wurde:

DEUTSCHE BAHN AG: Die interne Revision der Deutschen Bahn AG glich im Jahr 2009 über lange Zeiträume Daten von Mitarbeitern mit Daten von Zulieferern ab. Ziel sollte es dabei sein, Fälle von unseriöser, nicht rechtmäßiger Beschaffung von Waren und Dienstleistungen bei der Deutschen Bahn aufzudecken. Mitarbeiter sollten nicht „krumme Geschäfte" mit dem eigenen Unternehmen tätigen, weswegen auch ein massenhafter Abgleich zwischen den Kontonummern der Lohnkonten der Mitarbeiter und den Kontonummern der Zulieferer erfolgte. Das Vorgehen der Deutschen Bahn wurde aufsichtsrechtlich beanstandet und datenschutzrechtlich geprüft, wobei die zuständige Datenschutzbehörde mehrere datenschutzrechtliche Verstöße als gegeben ansah. Im Ergebnis führte dies zu einer Bußgeldzahlung in Höhe von mehr als einer Million EUR. Die negative Außenwirkung auf das Unternehmen durch die intensive Berichterstattung in den Medien führte zum Rücktritt des zum Zeitpunkt des Verstoßes tätigen Vorstandes.

TELEKOM AG: Auch die Telekom verstrickte sich in den vergangenen Jahren gleich in mehrere weitreichende Datenschutzskandale. Zunächst wurde bekannt, dass in den Jahren 2005 und 2006 Telefonverbindungsdaten in großem Umfang ohne Rechtsgrundlage oder Einwilligung erfasst und ausgewertet wurden. Ziel war es offensichtlich, persönliche Verbindungen zwischen Aufsichtsratsmitgliedern und Journalisten aufzudecken, um so die Weitergabe vertraulicher Informationen zu verhindern. Zwei Jahre später kamen bei der Mobilfunksparte T-Mobile über 17 Millionen Kundenstammdaten abhanden, die zum Teil auch die Handynummern, Adressen, Geburtsdaten und E-Mail-Adressen der betroffenen Kunden umfassten. Diese Daten wurden dann kurze Zeit später im Internet durch Dritte zum Kauf angeboten.

LIDL AG: Auch der Lebensmittel - Discounter Lidl war in den vergangenen Jahre gleich von mehreren Datenschutzskandalen betroffen: Zunächst wurde im Jahr 2008 bekannt, dass bei Lidl systematisch Detektive in Filialen geschickt wurden, welche dort die eigenen Mitarbeiter ausspähten: So wurde beispielsweise notierten, wer tätowiert war, wer ein verschwitztes T-Shirt trug oder wer mit wem womöglich ein Liebesverhältnis unterhielt. Auch die Lidl AG wurde wegen dieses Datenschutzverstoßes mit einem Bußgeld von mehr als eine Millionen EUR belegt. Nur wenige Zeit später wurde durch einen Zufallsfund in einer Mülltonne bekannt, dass in den Personalakten von Mitarbeitern regelmäßig (datenschutzwidrig) Protokoll dazu geführt wurde, aufgrund welcher Krankheiten nicht zur Arbeit gekommen werden konnte. Insoweit fanden sich unter anderem Einträge wie: "Will schwanger (werden). Befruchtung nicht funktioniert" oder "Stationäre Behandlung in Neurologischer Klinik".

c) Ausblick

Aktuell wird in den Medien nahezu wöchentlich über neue Datenschutzskandale berichtet. Das Thema ist mittlerweile in weiten Teilen der Öffentlichkeit präsent und auch der Gesetzgeber versucht, mit einer sich im medialen Wandel befindlichen Internet-Gesellschaft Schritt zu halten.

Im Wesentlichen sprechen drei Gründe dafür, dass der Bereich Datenschutz in der Zukunft immer mehr an Bedeutung für Unternehmen gewinnen wird.

Erstens: In einer zunehmend digitalisierten Welt wird der Missbrauch von Daten immer größer werden. Hierzu zählen nicht nur fahrlässig begangene Ordnungswidrigkeiten von Unternehmen (wie in den oben gezeigten Datenschutzskandalen), sondern auch *Cyber-Crime*, wie zum Beispiel das Ausspionieren von Kontodaten (*Phishing*).

Zweitens wird durch diesen zunehmenden Missbrauch und die damit einhergehenden Datenschutzskandale die Sensibilität in der Öffentlichkeit für das Thema Datenschutz immer größer werden. Ein gutes Beispiel ist hier der Dienst *Google-Street View*, welcher in Medien, Politik und Öffentlichkeit ausgiebig diskutiert wurde. Der Wandel in der öffentlichen Wahrnehmung ist auch auf Unternehmerseite von Bedeutung: Es wird dort immer wichtiger werden, das eigene Unternehmen als datenschutzkonform am Markt zu präsentieren. Dies gilt insbesondere für internetbasierte Geschäftsmodelle, bei denen es unerlässlich ist, das Vertrauen der User zu gewinnen.

Drittens: Im Ergebnis wird der Gesetzgeber durch den Missbrauch und eine veränderte mediale Wahrnehmung neue Regelungen im Bereich Datenschutz erlassen. Aktuell zeigt sich dies im Bereich des Arbeitnehmerdatenschutzes und der Ende 2009 in Kraft getretenen Datenschutzreform. Zuletzt wurde der Bereich des Arbeitnehmerdatenschutzes novelliert und gesetzlich im Bundesdatenschutzgesetz verankert.

Als Ausblick lässt sich somit festhalten, dass es für Unternehmen in der Zukunft immer wichtiger sein wird, datenschutzkonform zu arbeiten und alle gesetzlichen Voraussetzungen im Bereich Datenschutz zu erfüllen. Diese Anforderungen werden in Zukunft aufgrund einer höheren Regelungsdichte immer umfassender und komplexer werden. Gleichzeitig wird die Überwachung durch die Datenschutzbehörden zunehmen. Zusammen mit einer wachsenden Zahl an Beschwerden bei den Datenschutzbehörden führt dies zu einem erhöhten Bußgeldrisiko für das Unternehmen.

Zusammengefasst: Ein hohes Niveau im Datenschutz wird zukünftig nicht mehr lästiger Formalismus, sondern wesentliche Kernaufgabe eines jeden Unternehmens sein.

2. Wie Ihnen dieses Buch hilft

a) Aufbau

Es ist nahezu in allen Unternehmensbereichen erforderlich, auf die Umsetzung der einschlägigen Gesetze zum Datenschutz zu achten. An einem Beispiel verdeutlicht: Es ist offensichtlich, dass beim Adressbroking der Datenschutz eine Rolle spielt. Oftmals ist aber der Anwendungsbereich einer Vorschrift nicht unmittelbar erkennbar und die Behörden legen datenschutzrechtliche Vorschriften eng aus. So wurde das weit verbreitete Tool *Google-Analytics* von den Datenschutzbehörden oft als datenschutzwidrig angesehen.

Für den datenschutzrechtlichen Laien ist es deshalb extrem schwer, sich in der Vielzahl der spezifischen Gesetze zurecht zu finden und ein Großteil der Literatur (vor allem Gesetzeskommentare) orientiert sich in Aufbau und Struktur an den jeweiligen Gesetzestexten.

Um dem Leser eine möglichst praxisnahe Lösung an die Hand zu geben, weicht der vorliegende dtv-Rechtsberater hiervon ab, indem er sich ausschließlich an den Unternehmensprozessen in den jeweiligen Fachabteilungen orientiert. Dies sind:

- Datenschutz in der Personalbteilung/Mitarbeiterdatenschutz,
- Marketing und Werbung,
- IT-Abteilung,
- Einkauf und
- Organisation/Verwaltung.

b) Checklisten/Muster und Beispiele

Innerhalb der jeweiligen Abteilung des Unternehmens werden die wichtigsten gesetzlichen datenschutzrechtlichen Anforderungen im Überblick dargestellt. Um eine möglichst praxisnahe Anwendung dieser Gesetze zu gewährleisten, endet jedes einzelne Kapitel mit einem Überblick der Anforderungen und Inhalte („Auf einen Blick").

Sofern erforderlich und hilfreich, werden konkrete Formulierungsvorschläge für ein Vertragsmuster (z.B. für ein einzusetzendes Vertragsmuster beim Adressbroking) innerhalb des jeweiligen Kapitels vorgestellt.

Praxischecklisten, mit denen ein Unternehmen vollständig datenschutzrechtlich geprüft werden kann, schließen die jeweiligen Kapitel ab.

2. Kapitel

Datenschutzrechtliche Grundlagen

1. Was ist Datenschutz?

a) Datensubjekt und Informationelle Selbstbestimmung

Grundlage des Datenschutzes ist der Schutz des sog. Datensubjekts in seinem Recht auf Informationelle Selbstbestimmung. Unter Datensubjekt kann man dabei – einfach gesagt – jeden Menschen aus *„Fleisch und Blut"* verstehen. Nicht geschützt sind damit reine Unternehmensdaten, wie etwa Bilanzdaten einer Aktiengesellschaft oder GmbH.

Sinn und Zweck des Datenschutzes ist es damit, den Einzelnen vor einer missbräuchlichen Nutzung seiner personenbezogenen Daten zu schützen. Dies gilt insbesondere im Verhältnis zwischen Staat und Bürger („gläserner Bürger"). Das vorgenannte Verhältnis zur öffentlichen Hand wird in den so genannten Landesdatenschutzgesetzen (z.B. Bayerisches Landesdatenschutzgesetz) geregelt. Der Missbrauch von Daten soll jedoch auch zwischen den Bürgern verhindert werden. Aus diesem Grund besteht eine Vielzahl von einfachgesetzlichen Regelungen, welche den Datenschutz, d.h. den Umgang mit personenbezogenen Daten zum Gegenstand haben. Das wichtigste Gesetz ist dabei das Bundesdatenschutzgesetz (BDSG). Es gibt aber noch zahlreiche weitere Spezialvorschriften, die den Datenschutz regeln, wie zum Beispiel im Bereich der neuen Medien das Telemediengesetz (TMG).

Wie bereits einleitend erwähnt, wird dieses Recht des Bürgers auf beschränkten Umgang mit seinen personenbezogenen Daten mit dem sog. Recht auf Informationelle Selbstbestimmung begründet, welches seinerseits auf das Volkszählungsurteil zurückgeht.

Gegenstand des Datenschutzrechts ist also das Recht des Einzelnen, über die Verarbeitung, Erhebung und Speicherung seiner Daten frei zu bestimmen.

b) Personenbezogene Daten – was zählt dazu?

Der Begriff „personenbezogene Daten" wird in § 3 Abs. 1 BDSG definiert: Hierunter sind Einzelangaben über persönliche oder sachliche Verhältnisse einer bestimmten oder bestimmbaren Person zu verstehen. Diese Person wird im Datenschutz auch als *Betroffener* nach § 3 Abs. 1 BDSG bezeichnet. Eine Person ist immer dann bestimmbar, wenn die hierfür erforderlichen Daten aus allgemein zugänglichen Quellen ermittelt werden können.

An einem Beispiel verdeutlicht: Eine Unternehmens-E-Mail-Adresse stellt ein personenbezogenes Datum dar, da von der namentlichen Bezeichnung ausgehend und dem betreffenden Unternehmen aus allgemein zugänglichen Quellen (z.B. dem Internet) eine Person bestimmt werden kann.

Beispiele für personenbezogene Daten sind Name, Geburtstag, Adresse, Telefon- und Faxnummern, Kfz-Kennzeichen, Kontonummer, Versicherungs- oder Personalnummern, Berufsangaben oder Einkommensdaten.

Nicht in den Anwendungsbereich des § 3 BDSG fallen Daten, die einer Person nicht zuzuordnen sind. Dies sind wie gesagt reine Unternehmensdaten (z.B. Umsatzzahlen eines Unternehmens). Jene Daten besitzen datenschutzrechtlich keinen Schutz. Es kann natürlich sein, dass diese Daten durch andere als die hier dargestellten datenschutzrechtlichen Vorschriften geschützt werden, beispielsweise als Betriebs- und Geschäftgeheimnisse.

Das BDSG gibt sogenannten besonderen personenbezogenen Daten in bestimmten Regelungen einen erhöhten Schutz. Besondere Arten personenbezogener Daten (sensitive Daten) sind Angaben über die rassische und ethnische Herkunft, politische Meinungen, religiöse oder philosophische Überzeugungen, Gewerkschaftszugehörigkeit, Gesundheit oder Sexualleben (vgl. gemäß § 3 Abs. 9 BDSG).

BEISPIELE für personenbezogene Daten:
- Adresse
- Angaben als Kfz-Halter
- Auftragsangaben
- Bankguthaben
- Berufsbezeichnung
- Einkommensverhältnisse
- Grundbesitz mit Grundbuch und Katasterangaben
- Konfession
- Krankheiten
- Kreditdaten
- Lieferkonditionen
- Mitgliedschaften
- Schulden
- Straftaten
- Vermögen
- Vertragsverpflichtungen.

c) Verarbeitungstatbestände

Das BDSG ist immer dann anwendbar, wenn einer der so genannten Verarbeitungstatbestände vorliegt: Wie schon bei der Einleitung zum Volkszählungsurteil dargestellt, steht der Schutz des Datensubjekts im Mittelpunkt des Datenschutzes. Deshalb sind die Verarbeitungstatbestände sehr weit gefasst. Denn: Keine verarbeitende Stelle soll sich darauf berufen können, dass eine Verarbeitung eigentlich gar nicht stattfindet, sondern zum Beispiel nur eine kurze Zwischenspeicherung erfolgt.

Erfasst wird deshalb nach § 1 Abs. 2 Nr. 3 BDSG

■ die Erhebung,

■ die Verarbeitung (Speichern, Verändern, Übermitteln, Sperren und Löschen),

- sowie die Nutzung personenbezogener Daten unter Einsatz von Datenverarbeitungsanlagen (so genannte automatisierte Verarbeitung, § 3 Abs. 2 S. 1 BDSG)

- sowie die Erhebung, Verarbeitung und Nutzung in oder aus *nicht* automatisierten Dateien (§ 3 Abs. 2 S. 2 BDSG).

Die Terminologie der Datenverarbeitungsanlagen bezeichnet dabei nicht nur Computer und Laptops, sondern zu denken ist auch an iPhones, PDA`s, Mobiltelefone und ISDN-Telefonanlagen. Mit dem Begriff „nicht automatisierte Dateien" meint der Gesetzgeber zum Beispiel Personalaktensysteme mit gleichartigem systematischem Aufbau, soweit sie nach bestimmten Merkmalen zugänglich sind und ausgewertet werden können.

d) Gesetzliche Grundlagen

Im deutschen Rechtskreis existieren zahlreiche, zum Teil sehr komplexe Vorschriften.

Das BDSG ist als allgemeine Norm meist primär anzuwenden. Es folgen dann, im Wege der Spezialität, entweder auf das jeweilige Kommunikationsmittel oder auf die physische Übertragungsform abgestimmte Spezialvorschriften. Dies können beispielsweise sein:

- EU-Datenschutzrichtlinie,

- Datenschutzrichtlinie für elektronische Kommunikation,

- TMG – Telemediengesetz,

- Datenschutzgesetze der Länder sowie

- Spezialgesetze, wie z.B. Postdienste-Datenschutzverordnung (PDSV).

Welche Vorschrift im Einzelnen jeweils anwendbar ist und in welcher Rangfolge diese zu anderen Vorschriften stehen, ist eine Frage des Einzelfalles. Aufgrund der Komplexität des Rechtsgebiets kann ein Nicht-Jurist in der Regel oft nur schwer beurteilen, welche Rechtsvorschrift tatsächlich Anwendung findet bzw. in welchem Anwendungsvorrang eine Vorschrift zu einer anderen steht. Für die Praxis ist deshalb die Kenntnis der folgenden datenschutzrechtlichen Grundsätze von Bedeutung, die als allgemein gültige Regeln meist ein valides Entscheidungsgerüst bilden.

e) Datenschutzrechtliche Grundsätze

Im Folgenden werden wichtige datenschutzrechtliche Grundsätze dargestellt. Dies sind:

- Verbot mit Erlaubnisvorbehalt,
- Auskunfts- und Korrekturrechte des Betroffenen,
- Datensicherheit,
- Rechtliche Risiken/Sanktionen,
- Durchführung eines Datenschutzaudits,
- Grundsatz der Datenvermeidung und Datensparsamkeit sowie
- Zweckbindung.

aa) Verbot mit Erlaubnisvorbehalt

Grundlegendes datenschutzrechtliches Prinzip ist das sog. Verbot mit Erlaubnisvorbehalt. Dies bedeutet, dass die Erhebung, Speicherung und Verarbeitung von Daten im Grundsatz immer unzulässig ist.

Eine Zulässigkeit der Erhebung, Speicherung und Verarbeitung von Daten ergibt sich nur in zwei Alternativen: Entweder

- das Datensubjekt hat der Erhebung, Speicherung und/oder Verarbeitung zugestimmt oder
- es besteht eine gesetzliche Ausnahmevorschrift.

Trotz zahlreicher und zum Teil komplexer Rechtsvorschriften findet dieses datenschutzrechtliche Grundprinzip nahezu uneingeschränkt Anwendung. Dabei ist zu beachten, dass die Einwilligungen des Datensubjekts meist zusätzliche Formerfordernisse haben. An einem Beispiel verdeutlicht:

Nach § 4 a BDSG ist eine Einwilligung in der Regel schriftlich zu erteilen:

§ 4 a BDSG „Einwilligung"

(1) Die Einwilligung ist nur wirksam, wenn sie auf der freien Entscheidung des Betroffenen beruht. Er ist auf den vorgesehen Zweck der Erhebung, Verarbeitung oder Nutzung sowie, soweit nach den Umständen des Einzelfalles erforderlich oder auf Verlangen, auf die Folgen der Verweigerung der Einwilligung hinzuweisen. Die Einwilligung bedarf der Schriftform, soweit nicht wegen besonderer Umstände eine andere Form angemessen ist. Soll die Einwilligung zusammen mit anderen Erklärungen schriftlich erteilt werden, ist sie besonders hervorzuheben.

Als Beispiel für eine Ausnahmevorschrift kann § 28 Abs. 1 BDSG genannt werden, welcher eine Verwendung von personenbezogenen Daten im Rahmen der Zweckbestimmung des Vertragsverhältnisses zulässt. Auf Grundlage dieser Ausnahmevorschrift ist es beispielsweise zulässig, dass der Arbeitgeber die personenbezogenen Daten seiner Arbeitnehmer speichern darf (Adresse, Religionszugehörigkeit, Sozialversicherungsnummer etc.). Diese Daten sind zur ordnungsgemäßen Durchführung des Vertragsverhältnisses erforderlich und dürfen daher – in Ausnahme zum einleitend erwähnten Grundsatz – nach § 28 Abs. 1 BDSG gespeichert werden.

bb) Auskunfts- und Korrekturrechte des Betroffenen

Ein wichtiges datenschutzrechtliches Prinzip stellen die Auskunfts- und Korrekturrechte des Betroffenen dar. Um dem Datensubjekt die Möglichkeit zu geben, sein Recht auf Informationelle Selbstbestimmung durchsetzen zu können, stehen umfangreiche Auskunfts- und Korrekturrechte zur Verfügung. Betroffene können jederzeit und uneingeschränkt Auskunft darüber erhalten, welche Daten über sie beim jeweiligen Unternehmen oder auch der öffentlichen Stelle gespeichert sind.

Sofern ein Recht zur Speicherung bei der betroffenen Stelle besteht, die Daten jedoch nicht korrekt erfasst sind, stehen dem Betroffenen Korrekturrechte zu. Darüber hinaus besteht ein Löschungsrecht, sofern die betroffene Stelle nicht ausdrücklich ein Recht zur Speicherung besitzt.

Zur Durchsetzung dieser Rechte kann sich das Datensubjekt auch an die zuständige Behörde wenden. Derartige Meldungen und An-

fragen von einzelnen Betroffenen bei der Behörde können zu Bußgeldern oder sogar behördlichen Prüfungen bei den betroffenen Unternehmen führe.

cc) Datensicherheit

Bei der Datensicherheit handelt es sich um einen Unterpunkt des
Datenschutzes. Dieser wird oft mit dem Datenschutz als solchem
verwechselt. Die Schutzrichtung ist jedoch eine andere: Während
der Datenschutz die Erhebung, Speicherung und Verarbeitung von
Daten des Datensubjekts schützt, ist Gegenstand der Datensicherheit der Schutz vor Zugriff auf diese Daten von außen.

Eine entsprechende Regelung findet sich in § 9 BDSG und dem Anhang zu § 9 BDSG.

Das Gesetz gibt folgende Sicherheitsstandards vor:

Anlage (zu § 9 Satz 1) „Technische und organisatorische Maßnahmen"

Werden personenbezogene Daten automatisiert verarbeitet oder genutzt, ist die
innerbehördliche oder innerbetriebliche Organisation so zu gestalten, dass sie
den besonderen Anforderungen des Datenschutzes gerecht wird. Dabei sind insbesondere Maßnahmen zu treffen, die je nach der Art der zu schützenden personenbezogenen Daten oder Datenkategorien geeignet sind,

1. Unbefugten den Zutritt zu Datenverarbeitungsanlagen, mit denen personenbezogene Daten verarbeitet oder genutzt werden, zu verwehren (Zutrittskontrolle),
2. zu verhindern, dass Datenverarbeitungssysteme von Unbefugten genutzt
   werden können (Zugangskontrolle),
3. zu gewährleisten, dass die zur Benutzung eines Datenverarbeitungssystems
   Berechtigten ausschließlich auf die ihrer Zugriffsberechtigung unterliegenden Daten zugreifen können, und dass personenbezogene Daten bei der
   Verarbeitung, Nutzung und nach der Speicherung nicht unbefugt gelesen,
   kopiert, verändert oder entfernt werden können (Zugriffskontrolle),
4. zu gewährleisten, dass personenbezogene Daten bei der elektronischen
   Übertragung oder während ihres Transports oder ihrer Speicherung auf Datenträger nicht unbefugt gelesen, kopiert, verändert oder entfernt werden
   können, und dass überprüft und festgestellt werden kann, an welche Stellen
   eine Übermittlung personenbezogener Daten durch Einrichtungen zur Datenübertragung vorgesehen ist (Weitergabekontrolle),

5. zu gewährleisten, dass nachträglich überprüft und festgestellt werden kann, ob und von wem personenbezogene Daten in Datenverarbeitungssysteme eingegeben, verändert oder entfernt worden sind (Eingabekontrolle),

6. zu gewährleisten, dass personenbezogene Daten, die im Auftrag verarbeitet werden, nur entsprechend den Weisungen des Auftraggebers verarbeitet werden können (Auftragskontrolle),

7. zu gewährleisten, dass personenbezogene Daten gegen zufällige Zerstörung oder Verlust geschützt sind (Verfügbarkeitskontrolle),

8. zu gewährleisten, dass zu unterschiedlichen Zwecken erhobene Daten getrennt verarbeitet werden können.

Eine Maßnahme nach Satz 2 Nummer 2 bis 4 ist insbesondere die Verwendung von dem Stand der Technik entsprechenden Verschlüsselungsverfahren.

Diese Sicherheitsstandards sind vom Gesetzgeber bewusst wenig detailliert und offen gehalten, um größtmögliche Flexibilität in der Anwendungspraxis zu ermöglichen. Denn es liegt auf der Hand, dass an ein mittelständisches Produktionsgewerbe, wie beispielsweise eine Bäckerei, ganz andere Anforderungen an die IT-Sicherheit zu stellen sind als an eine Großbank.

dd) Rechtliche Risiken und Sanktionen

Beim Verstoß gegen datenschutzrechtliche Vorschriften drohen:

- Bußgelder,

- Geldstrafe, Freiheitsstrafe,

- Schadenersatzanspruch,

- Eingreifen der Aufsichtsbehörde,

- Tätigwerden der Gewerbeaufsicht sowie

- Abmahnungen durch einen Verbraucherschutzverband.

Hinzu kommen Schäden, welche durch die negative Darstellung des Unternehmens in der Öffentlichkeit entstehen (Imageschäden), die gerade bei größeren Konzernen sicher von ebenso großer Bedeutung wie Bußgelder sein können. Das Internet trägt dabei als schnelles und globales Medium dazu bei, dass User massenhaft und schnell von Datenschutzverstößen erfahren (auch über Seiten, wie z.B. www.datenschutzskandale.de).

Hinsichtlich der Höhe gibt das Gesetz zunächst einen Bußgeldrahmen von bis zu 300.000 EUR vor. Dieser gilt für einen einzelnen Verstoß. In der Praxis können sich diese Bußgelder bei mehreren Verstößen – wie z.B. bei den Datenschutzverstößen der Deutschen Bahn im Beispiel oben S. 4 f. zu relativ hohen Beträgen kumulieren.

Seit der Datenschutzreform Ende 2009 hat der Gesetzgeber zusätzlich einen sogenannten Gewinnabschöpfungsanspruch in § 43 Abs. 3 S. 2 BDSG gesetzlich verankert. Er will damit sicherstellen, dass ein zu verhängendes Bußgeld den durch den mit Hilfe des Datenschutzverstoßes erzielten Unternehmensgewinn in jedem Falle übersteigt:

§ 43 Abs. 3 S. 2 BDSG „Bußgeldvorschriften"

Die Geldbuße soll den wirtschaftlichen Vorteil, den der Täter aus der Ordnungswidrigkeit gezogen hat, übersteigen. Reichen die in Satz 1 genannten Beträge hierfür nicht aus, so können sie überschritten werden.

Das bedeutet: Die oben genannten Bußgelder können im Einzelfall auch höher ausfallen, da in jedem Fall vermieden werden soll, dass ein Täter sich ein Bußgeld wegen der Höhe seines Gewinns „leisten kann".

Die Aufsicht über die Einhaltung der Datenschutzgesetze obliegt den Ländern, die jeweils eine eigene Datenschutzbehörde vorhalten. Das BDSG räumt diesen Behörden weitreichende Prüfungsbefugnisse ein, die sogar so weit reichen, dass Unternehmen ohne jede Vorankündigung hinsichtlich der Einhaltung der Datenschutzbestimmungen überprüft werden können.

ee) Datenvermeidung und Datensparsamkeit

Ein weiterer allgemeiner datenschutzrechtlicher Grundsatz besteht darin, keine oder so wenig wie möglich personenbezogene Daten zu erheben, zu verarbeiten und zu nutzen. Soweit technisch und rechtlich möglich, sind Daten in anonymisierter oder pseudonymisierter Form zu verwenden.

Der Grundsatz der Datenvermeidung und Datensparsamkeit wird auch als Auslegungskriterium für andere datenschutzrechtliche Vorschriften herangezogen. Er dient damit hilfsweise der Sicherung eines angemessenen Datenschutzniveaus für das Datensubjekt.

§ 3 a BDSG „Datenvermeidung und Datensparsamkeit"

Die Erhebung, Verarbeitung und Nutzung personenbezogener Daten und die Auswahl und Gestaltung von Datenverarbeitungssystemen sind an dem Ziel auszurichten, so wenig personenbezogene Daten wie möglich zu erheben, zu verarbeiten oder zu nutzen. Insbesondere sind personenbezogene Daten zu anonymisieren oder zu pseudonymisieren, soweit dies nach dem Verwendungszweck möglich ist und keinen im Verhältnis zu dem angestrebten Schutzzweck unverhältnismäßigen Aufwand erfordert.

ff) Kontrolle/Der Datenschutzbeauftragte

Auf die Einhaltung der datenschutzrechtlichen Bestimmungen im Unternehmen wirkt der Datenschutzbeauftragte hin. Er steht insoweit zwischen der Aufsichtsbehörde und dem Unternehmen, in welchem er als Datenschutzbeauftragter tätig ist.

gg) Verfahrensverzeichnisse

Das BDSG sieht zwei unterschiedliche Formen der sog. Verfahrensverzeichnisse vor:

- das nicht-öffentliche Verfahrensverzeichnis und
- das öffentliche Verfahrensverzeichnis.

Sinn und Zweck dieser Verzeichnisse ist es, Transparenz hinsichtlich der Datenverarbeitungsprozesse in einem Unternehmen gegenüber einem Datenschutzbeauftragten aber auch gegenüber der Öffentlichkeit zu schaffen.

Die gesetzlichen Voraussetzungen ergeben sich aus § 4 g Abs. 2 S. 1 BDSG.

§ 4 g Abs. 2 S. 1 BDSG „Aufgaben des Beauftragten für den Datenschutz"

Dem Beauftragten für den Datenschutz ist von der verantwortlichen Stelle eine Übersicht über die in § 4 e S. 1 genannten Angaben sowie über zugriffsberechtigte Personen zur Verfügung zu stellen.

Es handelt sich insoweit um eine generische und allgemein gehaltene Übersicht zu den Datenverarbeitungsprozessen innerhalb eines Unternehmens. Hingegen nicht erforderlich ist eine Erfassung jedes einzelnen Datenverarbeitungsvorganges, wie es vielfach (eigentlich falsch) in einigen Unternehmen praktiziert wird. Dies ergibt sich u. a. aus der Gesetzesbegründung (BR-Drs. 461/00, 3), nach der die vorgenannten gesetzlichen Vorschriften so zu verstehen sind, dass sich die Meldepflichten nicht auf jeden einzelnen Verarbeitungsvorgang, sondern den Einsatz eines automatisierten Verfahrens als Ganzes bezieht.

Die Voraussetzungen des internen Verfahrensverzeichnisses ergeben sich aus § 4 g Abs. 2 S. 1 BDSG in Verbindung mit § 4 e BDSG. Demnach hat ein Verfahrensverzeichnis die folgenden Inhalte vorzuweisen:

§ 4 e BDSG „Inhalt der Meldepflicht"

Sofern Verfahren automatisierter Verarbeitungen meldepflichtig sind, sind folgende Angaben zu machen:

1. Name oder Firma der verantwortlichen Stelle;
2. Inhaber, Vorstände, Geschäftsführer oder sonstige gesetzlich oder nach der Verfassung des Unternehmens berufene Leiter und die mit der Leitung der Datenverarbeitung beauftragten Personen;
3. Anschrift der verantwortlichen Stelle;
4. Zweckbestimmung der Datenerhebung, -verarbeitung oder -nutzung;
5. eine Beschreibung der betroffenen Personengruppen und der diesbezüglichen Daten- oder Datenkategorien;
6. Empfänger oder Kategorien von Empfängern, denen die Daten mitgeteilt werden können;
7. Regelfrist für die Löschung der Daten;
8. Informationen über eine geplante Datenübermittlung in Drittstaaten;
9. eine allgemeine Beschreibung, dies es ermöglicht, vorläufig zu beurteilen, ob die Maßnahmen nach § 9 BDSG zur Gewährleistung der Sicherheit der Verarbeitung angemessen sind.

§ 4d Abs. 1 und 4 gilt für die Änderung der nach Satz 1 mitgeteilten Angaben sowie für den Zeitpunkt der Aufnahme und der Beendigung der meldepflichtigen Tätigkeit entsprechend.

Der Inhalt des sog. externen Verfahrensverzeichnisses entspricht eins zu eins denjenigen des internen Verfahrensverzeichnisses mit der Ausnahme, dass die oben dargestellte Ziff. 9 *nicht* in dem öffentlichen Verfahrensverzeichnis enthalten ist.

Entgegen weitläufiger Ansicht ist es nicht erforderlich, das öffentliche Verfahrensverzeichnis auf der Internetseite zu publizieren. Eine derartige Veröffentlichung hat aber auch keine unmittelbaren Rechtsnachteile. Jedoch muss das öffentliche Verfahrensverzeichnis auf Anforderung jedermann (deshalb auch: Jedermannverzeichnis) zur Verfügung gestellt werden, welcher dieses beim Unternehmen anfordert.

2. Gesetzgeberische Aktivitäten

Die Bedeutung des Datenschutzes hat in den vergangenen Jahren erheblich zugenommen. Neben zahlreichen und immer neuen Datenschutzskandalen führt eine immer stärker digitalisierte Welt dazu, dass der Datenschutz auch zunehmend im Bewusstsein der Bürger verankert ist. Der Gesetzgeber versucht, mit dieser Entwicklung Schritt zu halten und hat in den vergangenen Jahren wesentliche Gesetzesänderungen erlassen. Wichtige gesetzgeberische Aktivitäten waren insoweit

- die Datenschutzreform 2009 und

- die geplante gesetzliche Verankerung des Arbeitnehmerdatenschutzes im BDSG.

a) Datenschutzreform 2009

In Jahr 2009 wurden drei unterschiedliche Datenschutznovellen verabschiedet, wobei die erste Reform (Datenschutznovelle I) das Scoring und die Tätigkeit von Auskunfteien betraf. Die zweite Reform (Datenschutznovelle II) regelte den Datenhandel neu und die dritte Novelle (Datenschutznovelle III) behandelte inhaltlich die Umsetzung der Verbraucherkreditrichtlinie. Die vorgenannten Neuerungen traten größtenteils bereits am 1.9.2009 in Kraft und führten in der Unternehmenspraxis zu wesentlichen Veränderungen.

aa) Informationspflichten gemäß § 42 a BDSG: Datenschutzpranger

In Anlehnung an entsprechende Regelungen in vielen US-Bundesstaaten müssen Unternehmen unter Hinzuziehung des betrieblichen Datenschutzbeauftragten die zuständigen Datenschutzaufsichtsbehörden und die betroffenen Personen nach § 42 a BDSG über bestimmte Datenschutzverstöße proaktiv informieren. Da sich das Unternehmen durch dieses Offenlegen und Informieren über den Verstoß gewissermaßen selbst an den öffentlichen „Pranger" stellen muss, war in der Fachliteratur schnell der Name „Datenschutzpranger" geboren.

Eine solche Informationspflicht entsteht immer dann, wenn das Unternehmen feststellt, dass bei ihm gespeicherte Daten unrechtmäßig übermittelt wurden oder auf sonstige Weise Dritten unrechtmäßig zur Kenntnis gelangt sind. Dabei ist es nicht entscheidend, wie die Daten aus dem Unternehmen geflossen, bzw. abhanden gekommen sind.

Die betroffenen Daten können also z.B. gestohlen, durch einen Dritten unrechtmäßig erschlichen (z.B. durch Hacking) oder auch auf jegliche sonstige Art abhanden gekommen sein.

> **BEISPIEL:** Ein Unternehmen stellt fest, dass ein Hacker Zugriff auf geschützte Userdaten eines Internetportals erlangt hat. Darunter befinden sich auch Kredit- und Abrechnungsdaten.

Wichtig für das Verständnis des Datenschutzprangers ist es, dass dieser nicht für jegliche Art von personenbezogenen Daten gilt. Denn: Wie eingangs erläutert, ist die Definition personenbezogener Daten sehr weit und umfasst alle Einzelangaben über persönliche oder sachliche Verhältnisse einer bestimmten oder bestimmbaren Person. Der Gesetzgeber wollte die strengen Vorschriften des Datenschutzprangers ganz bewusst nicht auf diesen weiten Anwendungsbereich beziehen, sondern – wegen der eklatanten Rechtsfolgen in der Praxis – die Anwendbarkeit auf Datenpannen mit besonders sensiblen Daten beschränken.

Deshalb beziehen sich die Informationspflichten nur auf Risiko-daten im Sinne von sensiblen Daten.

BEISPIELE:
– personenbezogene Bank- oder Kreditkartendaten,
– Gesundheitsdaten,
– Bestands-, Nutzungs- und Abrechnungsdaten im Sinne des TMG.

Des Weiteren müssen schwerwiegende Beeinträchtigungen für die Rechte oder schutzwürdigen Interessen der Betroffenen drohen. An dieser Stelle kommt es natürlich auf den einzelnen Fall an, ob mit derartigen Beeinträchtigungen tatsächlich zu rechnen ist oder nicht. Dies muss von dem Unternehmen im Rahmen einer Gefahrenprog-nose eingeschätzt werden. Da es primär um die Vermeidung von Nachteilen für die Betroffenen geht, ist das vorgenannte Merkmal dahingehend zu verstehen, dass nicht jeder erdenkliche Fall des Identitätsmissbrauchs erfasst wird, sondern vielmehr soziale oder wirtschaftliche Nachteile auf Seiten des Betroffenen zusätzlich dro-hen müssen. In dem oben genannten Beispiel (Hacking von Kredit-kartendaten) wäre von einer solchen positiven Gefahrenprognose aber auszugehen.

Falls eine Datenpanne wie oben gezeigt vorliegt, muss das Unter-nehmen sofort handeln: Die Benachrichtigung muss unverzüglich, das heißt ohne schuldhaftes Zögern, erfolgen.

Sofern mit der Datenschutzpanne auch ein strafrechtliches Verfah-ren verbunden ist, bestehen von den oben genannten Grundsätzen Ausnahmen:

BEISPIEL: Im Fall oben (Hacking von Kreditkartendaten) wird gegen einen Mitarbeiter des Unternehmens strafrechtlich ermittelt.

Während in diesem Fall eine Benachrichtigung der Aufsichtsbehör-de bereits schon vor Beseitigung der Datensicherheitslücken und im Falle laufender Strafverfolgungsmaßnahmen zu erfolgen hat, darf sich die Informationspflicht gegenüber dem Betroffenen verzögern, solange dies etwa aus Gründen der Strafverfolgung geboten ist oder andernfalls Rückschlüsse auf „Datenschutzlecks" möglich wären, deren Aufspüren zu weiteren Verletzungen führen würde (sog. „responsible Disclosure").

Bei Vorliegen der oben genannten Voraussetzungen trifft das Unternehmen die Verpflichtung, sowohl die Behörden, als auch alle Betroffene zu informieren. Falls es sich um einen größeren Datenbestand handelt (z.B. mehrere Millionen Kundendaten), kann dies – aus rein praktischen Gründen – zu Problemen bei der Informationspflicht führen. Die Benachrichtigung der betroffenen Personen, insbesondere auf Grund der Vielzahl der betroffenen Fälle, würde einen unverhältnismäßigen Aufwand (an Kosten und Zeit) bei dem betroffenen Unternehmen verursachen. Deshalb tritt an die Stelle der Information jedes einzelnen Betroffenen eine Information der Öffentlichkeit durch Anzeigen in mindestens zwei bundesweit erscheinenden Tageszeitungen. Diese Anzeigen müssen mindestens eine halbe Seite umfassen. Alternativ hierzu sieht der Gesetzgeber eine gleichgelagerte Maßnahme vor, deren Anforderungen im Einzelnen jedoch nicht näher präzisiert werden. Mit der letztgenannten Alternative wird dem Umstand Rechnung getragen, dass es Fälle gibt, in denen eine solch umfangreiche Veröffentlichungspflicht unverhältnismäßig wäre, z.B. wenn das die Veröffentlichungspflicht auslösende Ereignis nur regionale Bedeutung hat.

Es ist offensichtlich, dass die durch die oben dargestellten Maßnahmen ausgelöste Rufschädigung für das Unternehmen immens sein dürfte.

Wer seinen Pflichten nach § 42 a BDSG nicht, nicht richtig, nicht vollständig oder nicht rechtzeitig nachkommt, handelt ordnungswidrig und unterliegt daher gemäß §§ 43 Abs. 2 Nr. 7, Abs. 3 BDSG einer Geldbuße von bis zu 300.000 EUR.

Potentiell können die Regelungen des Datenschutzprangers jedes Unternehmen betreffen, da es kaum Firmen gibt, die nicht in irgendeiner Form sensible Daten automatisch verarbeiten.

> **BEISPIEL:** Ein denkbarer Anwendungsfall des oben dargestellten Daten-
> schutzprangers wäre, wenn eine Krankenkasse davon Kenntnis erlangt,
> dass Gesundheitsdaten entwendet worden sind. In diesem Falle müsste
> das Unternehmen sowohl die Behörde über den Vorfall informieren, als
> auch alle Betroffenen benachrichtigen.

bb) Datensparsamkeit und Anonymisierung

Der bereits vor der Datenschutzreform bestehende datenschutzrechtliche Grundsatz der Datensparsamkeit und Datenvermeidung
wurde durch die Datenschutznovelle II weiter ausgeweitet.

Das Bundesdatenschutzgesetz sieht in § 3 a BDSG ausdrücklich vor,
dass bei jeder Verarbeitung und Nutzung von personenbezogenen
Daten sowohl auf die Datenvermeidung, als auch auf die Datensparsamkeit zu achten ist. Sofern die Möglichkeit zur Anonymisierung
oder Pseudonymisierung besteht, ist diese von der verarbeitenden
Stelle zu nutzen, solange dadurch kein unverhältnismäßiger Aufwand entsteht. Ziel der gesetzlichen Regelung zur Anonymisierung
ist es, Rückschlüsse auf bestimmte Personen bei der Datenverarbeitung zu anonymisieren.

> **BEISPIEL:** Ein Unternehmen bietet die Verschlüsselung von E-Mails an.
> Hierzu werden in einem Rechenzentrum in der Schweiz (s.g. Clearing
> Stelle) alle E-Mails mit einem digitalen Schlüssel versehen, welcher vom
> Empfänger dort zur Entschlüsselung abgerufen werden kann. Wegen
> des oben dargestellten Grundsatzes der Anonymisierung ist eine Über-
> mittlung der hierfür erforderlichen Mailadresse nur in anonymisierter
> Form zulässig. Die Mailadresse wird deshalb mit Hilfe eines so genann-
> ten „Anonymizers" durch einen Code ersetzt. Eine Zuordnung zu dem
> personenbezogenen Datum der Mailadresse ist auf diesem Wege tech-
> nisch nicht mehr möglich. Die Übermittlung erfolgt anonymisiert.

Für Unternehmen, die im Bereich Markt- und Meinungsforschung
tätig sind, gelten hinsichtlich der Anonymisierung personenbezogener Daten zusätzliche datenschutzrechtliche Vorgaben. § 30 a BDSG
enthält hier verbindliche Regelungen zur Anonymisierung und

Pseudonymisierung: Für Markt- oder Meinungsforschungszwecke erhobene oder gespeicherte Daten dürfen nur für diese Zwecke verarbeitet oder genutzt werden. Daten aus nicht allgemein zugänglichen Quellen dürfen ausschließlich für das konkrete Forschungsvorhaben verarbeitet oder genutzt werden, für das sie erhoben worden sind. Eine Verwendung für andere Zwecke ist nur dann zulässig, wenn sie zuvor anonymisiert wurden, so dass ein Personenbezug nicht mehr hergestellt werden kann.

> **BEISPIEL:** Ein Marktforschungsunternehmen erhebt im Rahmen einer Umfrage mehr als 10.000 Daten von potentiellen Endkunden. Der Auftraggeber würde diese Daten gerne für eine weitere Akquise verwenden.
> In diesem Fall wäre die Verwendung zur weiteren Akquise unzulässig, weil § 30 a BDSG klar vorgibt, dass die personenbezogenen Daten insoweit lediglich im Rahmen der Markt- und Meinungsforschung verwendet werden dürfen.

Die Vorschrift des § 30 a Abs. 3 BDSG enthält zudem eine gestufte Pflicht zur Anonymisierung und Pseudonymisierung. Die personenbezogenen Daten sind zu anonymisieren, sobald dies nach dem Zweck des Vorhabens der Markt- oder Meinungsforschung möglich ist. Bis dahin, also unmittelbar nach Erhebung oder Speicherung, sind die Daten zu pseudonymisieren, was bis auf wenige Ausnahmen nicht mehr aufgehoben werden darf.

cc) Datenschutzbeauftragter

Die Rechte des Datenschutzbeauftragten wurden mit der letzten Datenschutzreform weiter gestärkt: In § 4 f BDSG wird der betriebliche Datenschutzbeauftragte nunmehr anderen privilegierten Funktionsträgern aus vergleichbaren Bereichen (wie etwa dem Betriebsrat) gleichgestellt, indem sein Kündigungsschutz verbessert wird. Neben dem bestehenden Schutz gegen seine Abberufung wirkt der Kündigungsschutz nun sogar ein Jahr nach Abberufung vom Amt des Datenschutzbeauftragten fort. Außerdem ist ausdrücklich festgelegt, dass der Datenschutzbeauftragte im Unternehmen berechtigt ist, auf Kosten des Arbeitgebers an Schulungs- und Weiterbildungsmaßnahmen teilzunehmen. Die bisherigen Anforderungen an einen Datenschutzbeauftragten, wie beispielsweise die erforderliche Fachkunde und Zuverlässigkeit, gelten unverändert fort.

dd) Auftragsdatenverarbeitung

Eine der wichtigsten Regelungen für die Praxis stellt die so genannte Auftragsdatenverarbeitung (oder auch Datenverarbeitung im Auftrag genannt) dar. § 11 Abs. 2 BDSG stellt einen aus zehn Punkten bestehenden Katalog an Mindestangaben auf, die in einer zwingend schriftlichen Auftragserteilung thematisiert werden müssen. Zudem wird der Auftraggeber zu einer anfänglichen und regelmäßigen Überprüfung der Sicherheitsmaßnahmen verpflichtet und hat die Ergebnisse zu dokumentieren. Nähere Angaben zur Ausgestaltung der Art und des Umfangs der Dokumentation finden sich in der Regelung nicht, so dass sich gerade in der Praxis die Frage der korrekten Ausgestaltung der vertraglichen Regelungen besteht. Fehlt eine schriftliche Fixierung der Pflichtangaben oder unterbleibt eine Vorabkontrolle des Auftragnehmers durch den Auftraggeber, stellt dies eine Ordnungswidrigkeit gemäß § 43 Abs. 1 Nr. 2 b BDSG dar, die mit einem Bußgeld geahndet werden kann.

ee) Direktmarketing ohne Einwilligung

Eine der wichtigsten Änderungen im Bereich des Marketings war die Regelung, dass die Weitergabe personenbezogener Daten ohne Zustimmung der Betroffenen nunmehr grundsätzlich verboten sein sollte (Opt-in-Verfahren). Auf Grund der gleichzeitig erlassenen zahlreichen und weitreichenden Ausnahmen von diesem Grundsatz blieb das datenschutzrechtliche Listenprivileg der Direktmarketingunternehmen am Ende aber überwiegend bestehen:

Listenmäßig erfasste Daten wie Name, Beruf, Adresse, Geburtsjahr oder akademische Titel (nicht: E-Mail Adresse und Telefonnummer) dürfen weiterhin ohne Einwilligung des Betroffenen insbesondere unter den nachfolgenden drei Alternativen zu Marketingzwecken verwendet werden:

Alternativen zur Verwendung listenmäßig erfasster Daten zu Marketingzwecken ohne Einwilligung:

Alternative 1: Verarbeitung eigener Bestandsdaten: Die Verarbeitung entsprechender Adresslisten ist ohne Einwilligung zulässig, wenn diese zum Zwecke der Werbung für eigene Angebote, erfolgt. In diesem Fall müssen die Daten im Rahmen eines Vertragsverhältnisses gewonnen oder einem öffentlichen Verzeichnis entnommen worden sein. Eine Hinzuspeicherung von Daten ist in diesem Fall möglich.

Alternative 2: Verarbeitung von Listendaten im Sinne des § 28 Abs. 3 S.2 Nr. 1. Dies sind:

- Personengruppe,
- Berufsbezeichnung,
- Branchen- oder Geschäftsbezeichnung,
- Namen,
- Titel/akademischer Grad,
- Anschrift und
- Geburtsjahr.

Eine Verwendung zu Werbezwecken ohne Einwilligung ist in dieser Alternative unproblematisch zulässig. Dies gilt auch für eine Zusendung von Werbung mittels Listendaten im Hinblick auf die berufliche Tätigkeit, der beruflichen Anschrift und der Verwendung eines Ansprechpartners, auch wenn der Adressat bislang noch nicht zum Kundenstamm gehörte.

Alternative 3: Adresslisten zum Zweck der Werbung für steuerbegünstigte Spendenorganisationen (gemeinnützige Organisationen, Parteien) sind ohne Einwilligung zulässig, wobei reine Wahlwerbung hiervon nicht umfasst ist.

Eine Verarbeitung personenbezogener Daten ist bei den vorgenannten drei Fällen nur dann nicht zulässig, wenn schutzwürdige Interessen des Datensubjekts nicht entgegenstehen. In der Praxis ist dies meist der Widerspruch des betroffenen Datensubjekts.

Im Verbraucherbereich dürfen Listendaten zudem auch weiterhin ohne Einwilligung weitergegeben werden, sofern das werbende Unternehmen nicht nur - wie bisher   den Betroffenen über das Widerspruchsrecht informiert, sondern auch eindeutig die Herkunft der

Adressinformationen nennt. Zudem muss die Übermittlung als solche für zwei Jahre protokolliert werden, um dem Betroffenen hierüber nachträglich Auskunft geben zu können. Auch hier ist unsicher, ob mit den Listendaten weitere Daten übermittelt werden dürfen. Der Übermittlung dürfen wiederum keine schutzwürdigen Interessen entgegenstehen.

Ein letzter Fall der Verwendung personenbezogener Daten ohne Einwilligung des betroffenen Datensubjekts ist die so genannte Beipackwerbung:

BEISPIEL: Ein großes Versandhandelsunternehmen für Bücher bietet an, den bestellten Büchern zielgruppenspezifische Beilagen beizufügen. In einem Reiseführer für New York werden beispielsweise Flyer für New York Flüge beigelegt.

Personenbezogene Daten (nicht nur Listendaten) dürfen in dieser Form für die Bewerbung fremder Angebote genutzt werden, wenn für den Betroffenen bei der Werbeansprache das Unternehmen eindeutig erkennbar ist, welches für die Nutzung der Daten tatsächlich verantwortlich ist. Eindeutig erkennbar bedeutet hier, dass die verantwortliche Stelle im Klartext bezeichnet ist und der Betroffene sie ohne Zweifel und mit seinen Kenntnissen identifizieren kann. Neben der Beipackwerbung (siehe Beispielsfall oben) sind hiervon auch Empfehlungswerbung und Werbung durch Listbroker und Lettershops erfasst.

ff) Direktmarketing mit Einwilligung

Bereits vor der Datenschutzreform 2009 bestanden hohe Anforderungen an die Wirksamkeit von datenschutzrechtlichen Einwilligungen. Nunmehr kann die Einwilligung nicht „versteckt" in Allgemeinen Geschäftsbedingungen erfolgen, sondern muss drucktechnisch hervorgehoben und ausdrücklich erteilt werden. Damit setzt der Gesetzgeber die Anforderungen des Bundesgerichtshofs aus dem Payback-Urteil um. Im Fall der mündlichen Erteilung der Einwilligung muss diese nachträglich schriftlich bestätigt werden. Zudem darf ein Vertragsschluss nicht von der Einwilligung in die

Datenweitergabe an Dritte abhängig gemacht werden, wenn gleichwertige Leistungen ohne Einwilligung nicht in zumutbarer Weise erhältlich sind (sog. Koppelungsverbot).

gg) Scoring und Auskunfteien

Gegenstand der letzten Datenschutznovelle war zudem eine Verschärfung der datenschutzrechtlichen Regelungen beim Scoring und die Übermittlung von Daten an und durch Auskunfteien.

Beim Scoring, d.h. der Ermittlung eines bestimmten statistisch-mathematischen Wertes für ein bestimmtes Selektionskriterium wurde die Rechtslage verschärft: Insbesondere wurde das sogenannte Geo-Scoring auf der Basis mikrogeographischer Daten beschränkt. Hiervon wurde jedoch nach den §§ 28 ff. BDSG das Scoring für die Auswahl von Adressen für Werbezwecke nicht erfasst, solange die Werbung kein unmittelbar verbindliches Vertragsangebot enthält.

Über diese Änderungen hinaus wurden die Regelungen für Auskunfteien durch die Umsetzung der Europäischen Verbraucherkreditlinie erweitert. Auskunfteien müssen nunmehr strengere Vorschriften beachten, unter denen Daten weitergegeben und verarbeitet werden dürfen.

hh) Stärkung der Position der Aufsichtsbehörden

Die Rechte der Aufsichtsbehörden wurden erheblich erweitert: Es besteht eine Anordnungsbefugnis zur Beseitigung festgestellter Verstöße bei der Erhebung, Verarbeitung oder Nutzung der Daten und eine Untersagungsbefugnis bei schwerwiegenden Verstößen. Die Durchsetzung erfolgt mittels Ordnungsgeld oder Ordnungshaft. Sachlich zuständig sind im Eskalationsfall die Verwaltungsgerichte, wobei ein Widerspruch aufschiebende Wirkung hat. Ein Verbandsklagerecht für Verbraucherschutzverbände besteht nicht.

b) Arbeitnehmerdatenschutz

Zahlreiche Datenschutzverstöße in der Vergangenheit betrafen den Arbeitnehmerdatenschutz. Der Gesetzgeber hat hier erstmals mit

§ 32 BDSG eine ausdrückliche Regelung erlassen und strebt auch in seinen aktuellen Reformbemühungen eine Stärkung dieses für den Datenschutz wichtigen Bereiches an. Sei längerem ist auch ein eigenes Gesetz für den Arbeitnehmerdatenschutz im Gespräch, welches jedoch noch nicht in Kraft getreten ist.

3. Kapitel

Datenschutz in der Personalabteilung/ Arbeitnehmerdatenschutz

1. Bewerberdaten und Bewerbungsprozess

a) Welche Daten dürfen erhoben werden?

aa) Immer zulässig: Stammdaten

Die Frage, welche personenbezogenen Daten des Bewerbers zulässigerweise erhoben werden dürfen, richtet sich nach den arbeitsrechtlichen Grundsätzen zum Fragerecht des Arbeitgebers. Das Bundesarbeitsgericht hat hier in jahrzehntelanger detaillierter Rechtsprechung festgelegt, welche Fragen im Bewerbungs- und Interviewprozess gestellt werden dürfen und welche nicht. Da es sich beim Bewerbungsprozess um ein so genanntes vorvertragliches Vertrauensverhältnis handelt, ist eine Speicherung von Daten, welche mit zulässigen Fragen erhoben wurden, datenschutzrechtlich immer unproblematisch. Diese Daten genügen den Anforderungen des § 28 Abs. 1 Nr. 1 BDSG und werden im Regelfall in entsprechenden Bewerbermanagementsystemen als so genannte Stammdaten erfasst. Unproblematisch ist daher die Erhebung der Stammdaten wie:

- Namen,
- Anschrift,
- Telefonnummer sowie
- E-Mail Adresse.

Welche Daten darüber hinaus im Einzelfall im Rahmen der Bewerbung abgefragt werden können, richtet sich nach objektiven beruflichen Kriterien und dem vom Arbeitgeber festgelegten Anforderungsprofil. Nach der bisherigen Rechtsprechung des Bundesarbeitsgerichts, wird ein Fragerecht des Arbeitgebers bei den Einstellungsverhandlungen nur insoweit anerkannt, als der Arbeitgeber ein berechtigtes, billigenswertes und zugleich schutzwürdiges Interesse an der Beantwortung seiner Frage im Hinblick auf das Arbeitsverhältnis hat. Es kommt also immer auf die Stelle an, welche Fragen tatsächlich gestellt werden dürfen und damit verbunden auch, welche personenbezogenen Daten zulässigerweise gespeichert werden dürfen:

BEISPIEL: Es ist zulässig, bei der Einstellung eines Piloten umfassende psychologische Tests durchzuführen und die Profile während des Bewerbungsverfahrens zu speichern. Bei einer Stelle als Hausmeister wären solche Persönlichkeitsprofile hingegen unzulässig.

Dabei wird dem Arbeitgeber eine gewisse Flexibilität gewährt, wenn mehrere Stellen ausgeschrieben sind: Eine *vorgesehene Tätigkeit* soll auch dann vorliegen, wenn der Arbeitgeber verschiedene Stellen in einem einheitlichen Verfahren ausgeschrieben hat, und ein Bewerber sich auf mehrere dieser Stellen beworben. Wenn sich der Arbeitgeber in dieser Konstellation dazu entscheidet, den Bewerber in das Bewerbungsverfahren aufzunehmen, können datenschutzrechtlich zulässig Fragen für beide Stellen gestellt und die hieraus resultierenden Daten verarbeitet werden.

Wenn Angaben des Bewerbers unrichtig erscheinen oder beispielsweise Zeugnisangaben nicht aussagekräftig sind, so dass sich der Arbeitgeber nicht in der Lage sieht, sich ein sicheres Bild von der Qualifikation des Bewerbers zu machen, kann im Einzelfall auch die Nachfrage bei früheren Arbeitgebern zu diesen Daten zulässig sein. Wichtig ist hierbei aber: Der Bewerber muss einer solchen Nachfrage ausdrücklich zustimmen. Gleiches gilt für das Einholen von Referenzen beim früheren bzw. aktuellen Arbeitgeber.

> **BEISPIEL:** Einem Unternehmen kommen die Angaben eines Bewerbers, der sich als Vertriebsmitarbeiter beworben hat, zu seinen bisherigen Erfahrungen im internationalen Vertrieb wegen seines jungen Alters nicht schlüssig vor. Der Geschäftsführer entschließt sich kurzerhand, den vorherigen Arbeitgeber anzurufen, um sich nach den Erfahrungen des Arbeitnehmers zu erkundigen.
>
> Dieses Vorgehen wäre datenschutzrechtlich eindeutig unzulässig. Es ist immer die Zustimmung des Bewerbers einzuholen, wenn Referenzen bei Dritten eingeholt werden.

Datenschutzrechtlich unzulässig ist es auch, die Auswahlentscheidung *ausschließlich* anhand automatisiert verarbeiteter Daten vorzunehmen. Es handelt sich um eine datenschutzrechtlich unzulässige automatisierte Einzelfallentscheidung, § 6 a BDSG:

§ 6 a Abs. 1 BDSG „Automatisierte Einzelentscheidung"

> (1) Entscheidungen, die für den Betroffenen eine rechtliche Folge nach sich ziehen oder ihn erheblich beeinträchtigen, dürfen nicht ausschließlich auf eine automatisierte Verarbeitung personenbezogener Daten gestützt werden, die der Bewertung einzelner Persönlichkeitsmerkmale dienen. Eine ausschließlich auf eine automatisierte Verarbeitung gestützte Entscheidung liegt insbesondere dann vor, wenn keine inhaltliche Bewertung und darauf gestützte Entscheidung durch eine natürliche Person stattgefunden hat.

Hierunter fällt nach dem Willen des Gesetzgebers jedoch ausdrücklich nicht die Vorselektion, bzw. Filterung von Daten über automatisierte Bewerbersysteme:

> **BEISPIEL:** Ein Unternehmen in der Automobilbranche erhebt Bewerberdaten für eine Stelle als Entwicklungsingenieur über ein automatisiertes Online-Bewerber-Tool. Um eine möglichst breite Bewerberbasis zu erhalten, werden dabei auch Berufsanfänger akzeptiert.
>
> In der ersten Selektion des erhaltenen Bewerberpools werden jedoch nur Bewerber im Bewerbungsverfahren berücksichtigt, die mehr als drei Jahre Berufserfahrung haben.
>
> Auch wenn die Selektion in diesem Fall automatisch erfolgt, ist sie datenschutzrechtlich zulässig, da es sich lediglich um eine Vorselektion des Datenbestandes handelt und nicht um eine abschließende Einstellungsentscheidung.

Dieser Grundsatz der Unzulässigkeit der absoluten Automation wesentlicher Entscheidungen für den Arbeitnehmer gilt sowohl für den Bewerbungsprozess, als auch für ein bereits bestehendes Arbeitsverhältnis, bei dem beispielsweise über eine Beförderung entschieden wird.

bb) Schutzwürdige Daten

Die darüber hinausgehende Erhebung von sogenannten schutzwürdigen Daten ist datenschutzrechtlich nur eingeschränkt möglich. Hierunter fallen personenbezogene Daten über:

BEISPIELE für schutzwürdige Daten:
- rassische Herkunft,
- ethnische Herkunft,
- Religion oder Weltanschauung,
- Behinderung,
- sexuelle Identität,
- Gesundheit,
- Vermögensverhältnisse,
- Vorstrafen,
- laufende Ermittlungsverfahren.

Die oben genannten Daten darf der Arbeitgeber auch datenschutzrechtlich nur unter den strengen Voraussetzungen des § 8 Absatz 1 des Allgemeinen Gleichbehandlungsgesetzes (AGG) erheben. Maßgebend für die Zulässigkeit der Erhebung sind daher die aus objektiver Sicht zu bestimmenden wesentlichen und entscheidenden beruflichen Anforderungen. Es kommt also ganz stark darauf an, was das Unternehmen macht und es hat immer eine Beurteilung des Einzelfalls zu erfolgen.

BEISPIEL: Die Abfrage und Speicherung von Gesundheitsdaten – wie z.B. Sehfähigkeit – wird bei Piloten sicher zulässig sein. Für diese Berufsgruppe sind beispielsweise auch umfassende psychologische und motorische Tests üblich und gesetzlich vorgeschrieben. Diese Daten müssen erhoben und während der Laufzeit des Arbeitsverhältnisses verfügbar sein.
Wenn eine Position aber keinerlei gute Sehfähigkeit erfordert, wie z.B. bei einem Sachbearbeiter, ist die Speicherung der entsprechenden Gesundheits- oder psychologischen Daten unzulässig.

Die Erhebung von Gehaltsdaten bei dem bisherigen Arbeitgeber ist nur dann zulässig, wenn das Gehalt erkennbar für die Einstellungsentscheidung von Relevanz ist. Dies ist dort nicht der Fall, wo der Arbeitgeber die Gehaltshöhe für den künftigen Arbeitnehmer bereits festgelegt hat oder wo ohnehin tarifliche Vorgaben bestehen. Im Regelfall dürfte also eine Erhebung von Daten über das bisherige Gehalt also unzulässig sein.

cc) Vorstrafen

Hinsichtlich der Frage nach Vorstrafen gelten spezialgesetzliche Vorschriften, die dem BDSG in der Rangfolge vorgehen: Es sind hier gemäß § 1 Absatz 3 Satz 1 die Vorschriften des Bundeszentralregistergesetzes (BZRG) anwendbar. Wichtig ist dies immer dann, wenn der Arbeitgeber bei den Bewerbern ausdrücklich bestehende Vorstrafen abfragt. Her besteht die Besonderheit, dass sich der Bewerber nach § 53 Absatz 1 BZRG als unbestraft bezeichnen darf und den der Verurteilung zugrunde liegenden Sachverhalt nicht zu offenbaren braucht, wenn die Voraussetzungen dieser Vorschrift vorliegen. Im Regelfall ist dies gegeben, wenn der Strafrahmen neunzig Tagessätze nicht überstiegen hat, d.h. keine Eintragung in das Bundeszentralregister besteht.

§ 53 Abs. 1 BZRG „Offenbarungspflicht bei Verurteilungen"

(1) Der Verurteilte darf sich als unbestraft bezeichnen und braucht den der Verurteilung zugrunde liegenden Sachverhalt nicht zu offenbaren, wenn die Verurteilung

1. nicht in das Führungszeugnis oder nur in ein Führungszeugnis nach § 32 Abs. 3, 4 aufzunehmen oder
2. zu tilgen ist.

Hiervon unabhängig ist die Frage zu beurteilen, ob ein Arbeitgeber den Bewerber überhaupt nach Vorstrafen fragen darf. Die datenschutzrechtliche Zulässigkeit der Erhebung dieser Daten orientiert sich an der arbeitsgerichtlichen Rechtsprechung des Bundesarbeitsgerichts zu diesem Themenkreis. Demnach besteht ein Fragerecht des Arbeitgebers nur dann, wenn und soweit die spezifische Art des zu besetzenden Arbeitsplatzes dies erfordert.

> **BEISPIEL:** Der Arbeitgeber darf einen potentiellen Kassierer also nach Ermittlungsverfahren oder Vorstrafen wegen Vermögensdelikten, nicht aber wegen Körperverletzungsdelikten fragen.

dd) Schwerbehinderung und Krankheiten

Auch bei der datenschutzrechtlichen Zulässigkeit der Erhebung von Daten zur Schwerbehinderteneigenschaft folgt die datenschutzrechtliche Zulässigkeit einer solchen Erhebung den arbeitsrechtlichen Grundsätzen: Der Arbeitgeber darf grundsätzlich nicht nach der Schwerbehinderteneigenschaft fragen. Die entgegenstehende Rechtsprechung des Bundesarbeitsgerichts aus der Zeit vor Inkrafttreten der Richtlinie 2000/78/EG sowie des Neunten Buches Sozialgesetzbuch (SGB IX) und des Allgemeinen Gleichbehandlungsgesetzes ist durch die dort aufgestellten Diskriminierungsverbote überholt.

Die Einstellung eines Bewerbers darf aus Gründen der Gleichbehandlung nicht wegen der Schwerbehinderten- oder Gleichstellungseigenschaft verweigert werden, wenn die zu Grunde liegende Behinderung der Eignung nicht entgegensteht. Zur Erfüllung der sich aus dem Neunten Buch des Sozialgesetzbuches ergebenden Pflichten des Arbeitgebers und Rechte der Schwerbehinderten und diesen gleichgestellten behinderten Menschen ist ein Fragerechts nach der Schwerbehinderten- oder Gleichstellungseigenschaft vor Begründung des Beschäftigungsverhältnisses nicht erforderlich. Will der Arbeitgeber der Pflicht zur Beschäftigung schwerbehinderter oder gleichgestellter Menschen gemäß § 71 SGB IX nachkommen, kann er dieses Ziel z. B. durch einen entsprechenden Hinweis in der Stellenausschreibung erreichen. Das Gleiche gilt für den öffentlichen Arbeitgeber hinsichtlich der Verpflichtung gemäß § 82 Satz 2 SBG IX, schwerbehinderte und gleichgestellte Bewerber zum Vorstellungsgespräch einzuladen.

Damit bleibt es allein den Bewerbern überlassen, ob sie Angaben zur Schwerbehinderteneigenschaft machen und ob sie diese Daten dem Arbeitgeber offenlegen.

Problematisch ist insoweit die Erhebung von Gesundheitsdaten. Fragen nach spezifischen Gesundheitsdaten sind grundsätzlich nur soweit zulässig, als diese Fragen auf die dauerhafte Eignung für die vorgesehene Tätigkeit abzielen oder ansteckende Krankheiten betreffen, die Kollegen oder Kunden gefährden könnten.

> **BEISPIEL:** Bewirbt sich ein Arbeitnehmer als Koch in einem Restaurant, sind Angaben zur Gesundheit, Gesundheitstest und Fragen zu ansteckenden Krankheiten zulässig und erforderlich. Eine Erhebung ist im Rahmen des Bewerbungsverfahrens zulässig. Dies wäre datenschutzrechtlich anders zu beurteilen, wenn sich der Bewerber z.B. auf eine Stelle in der internen Verwaltung bewirbt.

Fragen nach einer akuten AIDS-Erkrankung sind im deutschen Rechtskreis zumindest zulässig, wohingegen Fragen nach der bloßen HIV-Infektion allerdings als grundsätzlich nicht zulässig angesehen werden.

Ein Alkohol- und Drogentest soll im Rahmen des Bewerbungsverhältnisses gefordert werden können. Wenn jedoch ein Arbeitsverhältnis eingegangen wurde, soll ein derartiger Alkohol- und Drogentest auch dann nicht zulässig sein, wenn dem Arbeitgeber entsprechende Verdachtsmomente vorliegen. Eine Erhebung der relevanten Daten wäre damit auch datenschutzrechtlich unzulässig.

Lässt sich ein Bewerber freiwillig auf eine Einstellungsuntersuchung durch einen Betriebsarzt ein, so gilt diesbezüglich die ärztliche Schweigepflicht; der Betriebsarzt darf dem Arbeitgeber nur das Ergebnis, ob der Bewerber für die konkrete Position geeignet ist oder nicht, mitteilen. Auch hier gilt aber der oben dargestellte Grundsatz, dass eine Untersuchung (z.B. auch Blutproben) nur dann durchgeführt werden darf, wenn es für die konkret zu besetzende Position tatsächlich erforderlich ist.

> **BEISPIEL:** Im Rahmen des Bewerbungsverfahrens bei einem großen Automobilkonzern wurden regelmäßig von allen Bewerbern Blutproben genommen und betriebsärztlich ausgewertet. Die zuständige Datenschutzbehörde hat dieses Verfahren für unzulässig angesehen und ge-

rügt. Eine standardmäßige Blutuntersuchung sei nur bei Anwärtern in der Produktion zulässig, nicht jedoch bei rein kaufmännischen Tätigkeiten.

Fragen nach der Schwangerschaft sind nach neuester Rechtsprechung auch bei einer Relevanz für den Arbeitsplatz immer unzulässig. Das bedeutet nach den oben dargestellten Grundsätzen auch, dass die hiermit verbundene Datenverarbeitung unzulässig ist. Als Hauptargument wird hier aufgeführt, dass es sich lediglich um einen befristeten Zustand handelt, der auch grundsätzlich keinem Krankheitsbild entspreche. Erst nach der Einstellung hat der Arbeitgeber ein anerkennenswertes Interesse, das Bestehen einer Schwangerschaft zu kennen, etwa um Schutzvorschriften genügen zu können.

BEISPIEL: Es ist datenschutzrechtlich unzulässig, wenn ein Unternehmen im Rahmen des Bewerbungsverfahrens Daten zu einer aktuellen Schwangerschaft erhebt.

ee) Gewerkschaftszugehörigkeit

Auch die Frage nach einer etwaigen Gewerkschaftszugehörigkeit im Bewerbungsverfahren wird arbeitsrechtlich nach ganz herrschender Meinung und Rechtsprechung für unwirksam erachtet. Die datenschutzrechtliche Konsequenz ist insoweit, dass auch eine Erhebung von personenbezogenen Daten zur Gewerkschaftszugehörigkeit als unzulässig angesehen wird. Auch nach der Einstellung obliegt allein dem Arbeitnehmer die Entscheidung, ob er seine Gewerkschaftszugehörigkeit zwecks Geltendmachung tariflicher Rechte offen legt oder nicht.

ff) Religiöse Überzeugung

Fragen nach politischen, religiösen und philosophischen Überzeugungen sind nur bei sogenannten Tendenzbetrieben oder bei besonderen Vertrauensstellungen (zum Beispiel Frage nach Scientology-Mitgliedschaft) gerechtfertigt. Die Erhebung dieser Daten wäre also nicht datenschutzkonform:

BEISPIEL: Der Arbeitgeber einer christlichen Privatschule hat das Interesse und das Recht, angehende Lehrkräfte Fragen zur religiösen Überzeugung zu stellen. Eine Erhebung und Verarbeitung dieser Daten ist auch datenschutzrechtlich zulässig.
Die Erhebung dieser Daten bei einer privaten Sprachenschule ohne religiösen Bezug wäre hingegen datenschutzrechtlich unzulässig.

Gleiches gilt bei einer geplanten Beschäftigung bei einer Religionsgemeinschaft, einer ihr zugeordneten Einrichtung oder einer Vereinigung, die sich die gemeinschaftliche Pflege einer Religion oder Weltschauung zur Aufgabe gemacht hat.

Diese datenschutzrechtliche Regelung trägt dem Selbstverständnis und dem verfassungsrechtlich garantierten Selbstbestimmungsrecht der Religions- und Weltanschauungsgemeinschaften Rechnung. Eine derartig differenzierte Betrachtungsweise, die auf den religiösen Bezug des Unternehmens abstellt, ist auch nach dem Allgemeinen Gleichbehandlungsgesetz nicht zu beanstanden. Insoweit ist eine unterschiedliche Behandlung wegen der Religion oder Weltanschauung nach § 9 Abs. 1 Allgemeines Gleichbehandlungsgesetz zulässig.

gg) Soziale Netzwerke

Arbeitgeber informieren sich über potentielle Bewerber immer häufiger über frei im Internet zugängliche Informationen und soziale Netzwerke. Im privaten Bereich sind hier zu nennen soziale Netzwerke wie:

- facebook,
- StudiVZ oder
- Lokalisten.

Im beruflichen Umfeld haben sich vor allem die sozialen Netzwerke

- XING und
- linkedin

etabliert.

Eine ausdrückliche gesetzliche Regelung, ob und inwieweit innerhalb eines Bewerbungsprozesses auf Daten in sozialen Netzwerken zurückgegriffen werden kann, besteht nicht. Die Nutzungsmöglichkeiten für den Arbeitgeber sind aber vielfältig:

BEISPIELE:
- Ein Arbeitgeber gleicht Lebensläufe der Bewerber mit Daten ab, welche die Bewerber auf XING hinterlegt haben.
- Ein Arbeitgeber, welcher Universitätsabsolventen in einem sicherheitssensiblen Bereich seines Unternehmens anstellt, recherchiert in facebook nach Bild- und Textmaterial des Bewerbers. Er verwendet hierzu ein Scheinprofil.

Mangels einer ausdrücklichen gesetzlichen Regelung ist auf die allgemeinen datenschutzrechtlichen Grundsätze der Zulässigkeit einer Verarbeitung der Bewerberdaten zurückzugreifen. Da eine ausdrücklich Einwilligung des Bewerbers regelmäßig auszuschließen ist, benötigt der Arbeitgeber für eine rechtmäßige Verarbeitung in den oben genannten Beispielen eine gesetzliche Ausnahmevorschrift:

Nach § 32 Abs. 1 S. 1 BDSG dürfen personenbezogene Bewerberdaten erhoben, verarbeitet und genutzt werden, wenn dies für die Entscheidung über die Begründung eines Beschäftigungsverhältnisses erforderlich ist.

Die Erhebung allgemein zugänglicher Daten ist demnach nicht zulässig, wenn das schutzwürdige Interesse des Beschäftigten an dem Ausschluss der Erhebung gegenüber dem berechtigten Interesse des Arbeitgebers überwiegt. Im Hinblick auf soziale Netzwerke im Internet, die der elektronischen Kommunikation dienen, werden deshalb die nachfolgenden Grundsätze anwendbar sein:

Ein Abgleich der Bewerberdaten mit einem beruflichen sozialen Netzwerk (XING, linkedin) dürfte vom Anwendungsbereich der Vorschrift noch gedeckt sein: Denn der Bewerber nimmt an diesen Netzwerken gerade Teil, um seine beruflichen Kontakte zu vernetzen und zu nutzen. Er muss bei diesen freiwillig und öffentlich preisgegebenen Daten damit rechnen, dass ein potentieller neuer Arbeitgeber einen entsprechenden Abgleich vornimmt. Insoweit ist bei rein beruflichen sozialen Netzwerken von einer datenschutzrechtlichen Zulässigkeit des in den obigen Beispielen dargestellten Vorgehens auszugehen.

Hiervon abweichend ist die datenschutzrechtliche Beurteilung bei dem Abgleich von Bewerberdaten mit Angaben in privaten sozialen Netzwerken (z.B. facebook, StudiVZ). Hier wird eine Beurteilung der Erforderlichkeit mit einer sehr hohen Wahrscheinlichkeit zu einer Auslegung zu Gunsten des Bewerbers gelangen. Denn dieser will sich in privaten Netzwerken gerade nicht beruflich oder zum Aufbau seiner Karriere präsentieren. Die Darstellungen und Texte sind fast überwiegend privat und stehen insoweit nicht im Kontext zu einer beruflichen Tätigkeit. Eine Erforderlichkeit des zukünftigen Arbeitgebers, diese Daten mit der Bewerbung abzugleichen oder weitergehende private Informationen über den Bewerber zu erhalten, liegt deshalb regelmäßig nicht vor. Die Datenverarbeitung in dem oben genannten Beispiel ist datenschutzrechtlich unzulässig.

b) Medizinische Untersuchungen und Eignungstests

Von der einen *Frage* nach Krankheiten sind tatsächlich durchgeführte Untersuchungen und Eignungstest zu unterscheiden, in welchen regelmäßig personenbezogene Daten des Bewerbers erhoben werden. In der jüngeren Vergangenheit haben gerade medizinische Untersuchungen und Eignungstest öfters die Frage aufgeworfen, wie derartige Untersuchungen datenschutzrechtlich zu beurteilen oder ob sie überhaupt zulässig sind.

aa) Medizinische Untersuchungen

Der Arbeitgeber darf die Begründung des Beschäftigungsverhältnisses von einer ärztlichen Untersuchung abhängig machen, wenn die Erfüllung bestimmter gesundheitlicher Voraussetzungen wegen der Art der auszuübenden Tätigkeit oder der Bedingungen ihrer Ausübung eine wesentliche und entscheidende berufliche Anforderung zum Zeitpunkt der Arbeitsaufnahme darstellt.

> **BEISPIEL:** Falls ein Bewerber als Leibwächter eingesetzt werden soll, ist seine körperliche Fitness wichtig, weswegen eine medizinische Untersuchung zulässig ist.

Der Gesundheitszustand muss zum Zeitpunkt der Arbeitsaufnahme eine wesentliche und entscheidende berufliche Anforderung darstellen. Das bedeutet: Die Untersuchung kann sich auch auf zukünftige Tätigkeiten beziehen, wenn sie zum Zeitpunkt des Arbeitsbeginns bereits vorgesehen sind. So kann z. B. die Tropentauglichkeit des Bewerbers geprüft werden, wenn ein späterer Einsatz in den Tropen zu den vorgesehenen Tätigkeiten gehört.

Zusätzlich muss der Bewerber vor der Untersuchung über Art und Umfang der Untersuchung aufgeklärt worden sein und in die Weitergabe des Untersuchungsergebnisses an den potentiellen Arbeitgeber eingewilligt haben. Dem Bewerber ist auf Wunsch das vollständige Untersuchungsergebnis mitzuteilen. Dem Arbeitgeber darf hingegen nur mitgeteilt werden, ob der Bewerber nach dem Untersuchungsergebnis für die vorgesehenen Tätigkeiten geeignet ist (Ja – Nein Entscheidung).

bb) Eignungstests

Bei Eignungstest wird der Bewerber zu bestimmten psychologischen oder motorischen Fähigkeiten getestet. Auch hier gilt: Eignungstest und die damit verbundene Erhebung und Speicherung der Daten sind nur dann zulässig, wenn sie für das betreffende Bewerberprofil erforderlich sind. Üblich sind derartige Tests z.B. bei Piloten, Fluglotsen und ähnlichen komplexen psychomotorischen Tätigkeiten, die eine Mehrfachbelastung in dynamischen Situationen erfordern.

Die Voraussetzung der Erforderlichkeit für die Eignungsfeststellung schließt die Erhebung von Daten, die für die vorgesehene Tätigkeit ohne Bedeutung sind, aus. Art und Umfang der Untersuchung oder Prüfung hängen daher entscheidend von der zukünftigen Tätigkeit ab. So sind z. B. Belastungs- oder Reaktionstests nur zulässig, wenn und soweit diesbezüglich besondere berufliche Anforderungen bestehen.

BEISPIEL: Die datenschutzrechtliche Erhebung eines psychomotorischen Profils eines Bewerbers wäre für einen Fluglotsen zulässig, nicht jedoch für einen Verwaltungsangestellten.

Weiteres Erfordernis ist auch aus datenschutzrechtlicher Sicht, dass der Eignungstest nach wissenschaftlich anerkannten Methoden durchgeführt wird. Wenn Untersuchungen oder Prüfungen von Personen, die einer beruflichen Verschwiegenheitspflicht unterliegen (z.B. Berufspsychologen), durchgeführt werden, darf dem Arbeitgeber, anders als dem Bewerber selbst, nicht das konkrete Ergebnis der Untersuchung oder Prüfung, sondern nur die Eignung oder fehlende Eignung für die angestrebte Tätigkeit mitgeteilt werden.

c) Speicherdauer

In der datenschutzrechtlichen Literatur existieren zum Teil unterschiedliche und nicht ganz eindeutige Ansichten, ob und vor allem wie lange Bewerberdaten gespeichert werden dürfen. Insoweit ist auf die allgemeinen Bestimmungen des BDSG zurückzugreifen, die nach § 32 Abs. 1 S.1 BDSG lediglich eine Speicherung im Rahmen der Zweckbestimmung des vertragähnlichen Vertrauensverhältnisses zulassen. Das bedeutet für die Praxis:

Falls sich ein Unternehmen dazu entschieden hat, den Bewerber nicht einzustellen, ist § 35 Absatz 2 Satz 2 BGB anwendbar und die Bewerberdaten sind grundsätzlich zu löschen. Eine Ausnahme hiervon würde dann vorliegen, wenn der Bewerber im Rahmen des Bewerbungsverfahrens ausdrücklich zugestimmt hat, dass seine Daten gespeichert und vorgehalten werden dürfen.

Mangels einer ausdrücklichen gesetzlichen Regelung ist bei der Frage der Löschung von Bewerberdaten auf die Behördenpraxis der Datenschutzbehörden abzustellen. Der Zeitpunkt der Löschung liegt insoweit nach der Anwendungspraxis der Datenschutzbehörden regelmäßig bei zwei Monaten nach Zugang des ablehnenden Schreibens an den Bewerber.

Denn innerhalb dieses Zeitraums kann ein Bewerber theoretisch noch zivilrechtlich wegen des sogenannten Diskriminierungsverbots aus dem Allgemeinen Gleichbehandlungsgesetz (AGG) gegen das Unternehmen vorgehen. Bis zu diesem Zeitpunkt muss und soll es dem Unternehmen auch möglich sein, auf die Bewerberdaten zurückzugreifen.

> **BEISPIEL:** Ein Bewerber wurde im Bewerbungsverfahren abgelehnt und ist hierüber sehr vergrämt. Er geht nunmehr wegen einer Verletzung des Allgemeinen Gleichbehandlungsgesetzes (AGG) gegen das Unternehmen vor, weil die Stelle nur für Bewerberinnen aber nicht ausdrücklich auch für männliche Bewerber ausgeschrieben wurde. Ein solches Vorgehen ist bis zu zwei Monate nach der Absage zulässig. Bis zu diesen zwei Monaten muss das Unternehmen noch die Möglichkeit haben, auf die Daten aus dem Bewerbungsverfahren zugreifen zu dürfen.

Eine Einwilligung zu einer darüber hinausgehenden längeren Speicherung kann im Bewerbungsprozess entweder online oder offline, beispielsweise durch Versand des nachfolgenden Musterschreibens an den Bewerber, eingeholt werden:

Muster einer Einwilligung zur Speicherung von Bewerberdaten:

Briefkopf/Rubrum
Sehr geehrter Herr/Frau X,
vielen Dank für Ihre Bewerbung vom XX.XX.2012.
[…]
Leider besetzen wir aktuell keine Position, die Ihrem Bewerbungsprofil entspricht. Da wir jedoch grundsätzliches Interesse an Ihrer Bewerbung haben, würden wir Ihre Daten so lange vorhalten, bis eine entsprechende Stelle zu besetzen ist. Datenschutzrechtlich benötigen wir hierzu Ihre Einwilligung, die Sie uns bei Interesse bitte gerne schriftlich oder per E-Mail (xyz@musterfirma.de) übermitteln können.
[…]

d) Weitergabe im Konzern

Gerade bei größeren Konzernen stellt sich in der Praxis oft die Frage der datenschutzrechtlichen Zulässigkeit der Weitergabe von Bewerberdaten im Konzern.

> **BEISPIEL:** Ein Konzern möchte über ein zentrales Bewerberportal alle Bewerbungen sammeln und dann an eine jeweils geeignete Konzerngesellschaft weitergeben.

Insoweit ist auf die Einleitung zu verweisen und klarzustellen, dass es sich bei jeder einzelnen Konzerngesellschaft aus datenschutzrechtlicher Sicht um ein selbständiges Datensubjekt handelt. Da der Bewerber und Mitarbeiter datenschutzrechtlich geschützt werden soll, existiert im Datenschutzrecht kein Konzernprivileg. Das bedeutet: Ohne eine ausdrückliche Einwilligung des Bewerbers in eine Weitergabe seiner personenbezogenen Daten innerhalb eines Konzerns ist eine derartige Weitergabe unzulässig.

Eine Einwilligung zur Weitergabe von Bewerberdaten kann aber online erfolgen:

Muster einer Einwilligungserklärung für ein konzernweites Recruitingportal:

> **Erhebung und Verwendung persönlicher Daten im Bewerbungsverfahren**
>
> Musterunternehmen ist es besonders wichtig, einen höchstmöglichen Schutz Ihrer persönlichen Daten zu gewährleisten. Alle persönlichen Daten, die im Rahmen einer Bewerbung bei Musterunternehmen erhoben und verarbeitet werden, sind durch technische und organisatorische Maßnahmen gegen unberechtigte Zugriffe und Manipulation geschützt.
>
> Ihre Daten werden nur für die Besetzung von Stellen in der Musterunternehmen-Gruppe erhoben. Hiermit erklären Sie Ihre ausdrückliche Einwilligung, dass Ihre Bewerberdaten innerhalb der Musterunternehmen-Gruppe an die folgenden Unternehmen weitergegeben werden dürfen:
> – Unternehmen 1
> – Unternehmen 2
> – Unternehmen X.
> Wir behandeln Ihre Daten absolut vertraulich und geben Ihre Daten im Übrigen nicht an Dritte weiter.

Eine entsprechende Regelung zur rechtswirksamen Einwilligung bei der Weitergabe von Bewerberdaten kann im Übrigen auch in einem offline - Prozess gegeben werden:

Muster einer Einwilligung zur Weitergabe im Konzern:

Briefkopf/Rubrum
Sehr geehrter Herr/Frau X,
vielen Dank für Ihre Bewerbung vom XX.XX.2012.
[…]
Leider besetzen wir aktuell keine Position, die Ihrem Bewerbungsprofil entspricht. Wir haben jedoch Kenntnis darüber, dass unser Tochterunternehmen, die
XY AG aktuell für ein vergleichbares Anforderungsprofil sucht und Stellen zu besetzen hat. Datenschutzrechtlich benötigen wir vor einer Weitergabe an dieses
Unternehmen jedoch Ihre Einwilligung, die Sie uns bei Interesse bitte gerne
schriftlich oder per E-Mail (xyz@musterfirma.de) übermitteln können.
[…]

e) Online-Bewerbungen

Viele Unternehmen haben ihren Bewerbungsprozess mittlerweile
vollständig auf einen Online-Bewerbungsprozess umgestellt. Bei der
Frage, welche personenbezogenen Daten hier erhoben und verarbeitet werden dürfen, gelten die oben dargestellten Grundlagen. Auch
wenn die Verarbeitung aufgrund der gesetzlichen Vorschrift des
§ 35 BDSG ohne ausdrückliche Einwilligung zulässig wäre, empfiehlt es sich in der Praxis, eine entsprechende Einwilligungserklärung zusätzlich einzuholen. Das hat zwei Vorteile: Erstens schafft
eine derartige Datenschutzerklärung Vertrauen beim Bewerber und
zweitens kann hier eindeutig und klar geregelt werden, für welchen
Zeitraum die Bewerberdaten beim Unternehmen gespeichert werden (dürfen). Denn aktuell besteht keine eindeutige gesetzliche Regelung, welche eine klare zeitliche Vorgabe für die Dauer der Speicherung der Bewerberdaten gibt. Eine Einwilligungserklärung mit
einer klaren Regelung dazu, wie lange die Bewerberdaten gespeichert werden dürfen, schafft Rechtsklarheit für alle Beteiligten und
gleichzeitig mehr Flexibilität für das Unternehmen.

Gleichzeitig besteht mit diesem Prozess die Möglichkeit präventiv
eine Einwilligungserklärung des Bewerbers für den Fall zu erhalten,
dass seine Bewerbung zu einem späteren Zeitpunkt – bei Vorliegen
einer dann freien Stelle – genutzt werden oder innerhalb eines Kon-
zernunternehmens weitergegeben werden soll.

Muster einer Online-Einwilligungserklärung im Bewerbungsverfahren:

Einwilligungserklärung zum Datenschutz:

Ihre personenbezogenen Daten werden gemäß dem Bundesdatenschutzgesetz (BDSG), gespeichert und verarbeitet.

Datensicherheit

Ihre Angaben werden streng vertraulich behandelt und während der elektronischen Übermittlung verschlüsselt.

Erhebung, Verarbeitung und Nutzung Ihrer Daten

Personenbezogene Daten werden nur zum Zweck der Bewerbungsabwicklung erhoben, verarbeitet und genutzt. Eine Weitergabe an Dritte erfolgt nicht. Zur Nutzung des Online-Bewerbungsverfahrens werden Daten wie Name, Adresse, Telefonnummer, E-Mail-Adresse etc. erhoben. Diese Daten dienen grundsätzlich der Kontaktaufnahme zu Ihrer Bewerbungen.

Bearbeitung und Aktualisierung Ihrer Daten

Sie können jederzeit online Änderungen Ihres Profils vornehmen, sowie Ihre Daten vollständig löschen.

Weitergabe und Verarbeitung personenbezogener Daten

Ihre Online-Bewerbung wird schnellstmöglich von unserer Personalabteilung bearbeitet.

Die Bewerbung wird dann an die entsprechende Fachabteilung oder ein interessiertes Unternehmen unserer Unternehmensgruppe (dies sind die Unternehmen . . .) weitergegeben. Die Prüfung Ihrer Bewerbungsunterlagen kann etwas Zeit in Anspruch nehmen.

Aufbewahrung

Sofern wir intern keine geeignete Stelle für Ihr Profil ermitteln können, werden wir sämtliche Daten mit Zustellung der Absage löschen (*Alternativ:* nach XXX Wochen zu löschen). Falls Ihr Profil jedoch grundsätzlich von Interesse ist und lediglich aktuell keine geeigneten Stellen zur Verfügung stehen, erteilen Sie uns hiermit Ihr Einverständnis, die Bewerbungsdaten entsprechend vorzuhalten und abzuspeichern.

Die oben dargestellten Online-Formulare und Schreiben sind als Muster zu verstehen, da es selbstverständlich darauf ankommt, ob und inwieweit ein Unternehmen Bewerberdaten vorrätig halten will. In jedem Fall ist aber im Prozess der Einwilligung ein aktives Opt-in des Users, bzw. des Bewerbers erforderlich (durch aktives Anklicken einer entsprechenden Opt in Box im Formular).

f) Personalberater

Komplizierter wird die Bewerbersuche unter datenschutzrechtlichen Aspekten immer dann, wenn der Arbeitgeber einen Personalberater beauftragt:

Soll der Personalberater nur die eingehenden Bewerbungsunterlagen entgegennehmen und nach arbeitgeberseitigen Vorgaben sortieren und weiterleiten, handelt es sich um Auftragsdatenverarbeitung im Sinne des § 11 BDSG. Der Arbeitgeber muss dann die spezifischen datenschutzrechtlichen Anforderungen bei der Beauftragung beachten und bleibt für die Einhaltung der datenschutzrechtlichen Vorgaben allein verantwortlich.

Soll der Personalberater die Bewerber bewerten, vor- und aussortieren und den Arbeitgeber diesbezüglich beraten, so stellt dies regelmäßig eine Funktionsübertragung dar.

Der Personalberater ist zunächst unmittelbar dem BDSG unterworfen; die Übermittlung der Bewerberdaten an den Arbeitgeber ist an dem BDSG zu messen. Für das Unternehmen selbst gelten die identischen Grundsätze wie bei Bewerberdaten, welche nicht über einen Personalberater erhoben werden. Im *Innenverhältnis* zum Personalberater sollte sich das Unternehmen aber in jedem Falle zusätzlich absichern, dass dieser auch tatsächlich datenschutzkonform arbeitet. Dies kann durch eine entsprechende Garantie und Freistellungsregelung im Vertrag mit dem Personalberater sichergestellt werden.

Muster einer Freistellungsklausel bei Verträgen mit Personalberatern:

Der Personalberater steht dafür ein, dass die übermittelten Bewerberprofile datenschutzkonform erhoben wurden und alle datenschutzrechtlichen Vorschriften und/oder Einwilligungserklärungen der jeweiligen Bewerber erfüllt wurden, bzw. vorliegen. Der Personalberater stellt unser Unternehmen bei einer Geltendmachung zivilrechtlicher Ansprüche und/oder datenschutzrechtlichen Bußgeldern, die auf eine Verletzung von Datenschutzbestimmungen durch den Personalberater zurückzuführen sind in vollem Umfang und auf erstes Anfordern frei.

Auf einen Blick: Bewerberdaten

- Immer zulässig: Stammdaten (Name, Anschrift, Telefonnummer, E-Mail Adresse).
- Immer datenschutzrechtlich im Einzelfall zu prüfen: Sensible Daten sind
  - rassische Herkunft,
  - ethnische Herkunft,
  - Religion oder Weltanschauung,
  - Behinderung,
  - sexuelle Identität,
  - Gesundheit,
  - Vermögensverhältnisse,
  - Vorstrafen und
  - laufende Ermittlungsverfahren.
- Medizinische Tests und Eignungstest: Nur zulässig, wenn für konkreten Beruf erforderlich.
- Soziale Netzwerke: professionelle (z.B. XING) unproblematisch, private (z.B. facebook) datenschutzrechtlich im Einzelfall prüfen.
- Eine Weitergabe von Mitarbeiterdaten im Konzern ist nicht zulässig.
- Es besteht kein Konzernprivileg.
- Für eine Weitergabe an Dritte und im Konzern ist in der Regel die Einwilligung des Mitarbeiters erforderlich.
- Eine Speicherung von Bewerberdaten ist grundsätzlich ohne Einwilligung zulässig, soweit dies erforderlich ist, § 32 BDSG.
- Jedoch müssen Bewerberdaten im Regelfall spätestens zwei Monate nach Übersendung der Absage an den Bewerber gelöscht werden.
- Eine darüber hinausgehende Speicherung (auf Vorrat) ist nur zulässig, wenn der Bewerber seine Einwilligung (online oder offline) erteilt hat.
- Online-Bewerbungen: Es sollte eine datenschutzrechtliche Einwilligung (v.a. zur Speicherdauer und Konzernweitergabe) eingeholt werden.
- Personalberater: Die datenschutzrechtlich zulässige Erhebung sollte im Innenverhältnis vom Personalberater bestätigt werden. Zu einer Freistellung für alle zivilrechtlichen Ansprüche und Bußgeldern ist zu raten.

2. Arbeitsvertrag/Erforderliche Unterlagen

Die Begründung eines Arbeitsverhältnisses sollte neben der Unterzeichung des Arbeitsvertrages auch dazu genutzt werden, alle aus datenschutzrechtlicher Sicht beim Arbeitnehmer einzuholenden Erklärungen und Hinweise einzuholen.

a) Zwingend: Verpflichtung auf das Datengeheimnis

Mit Abschluss des Arbeitsvertrages ist der (neue) Mitarbeiter zwingend auf das Datengeheimnis zu verpflichten. Einschlägig ist insoweit § 5 BDSG:

§ 5 BDSG „Datengeheimnis"

Den bei der Datenverarbeitung beschäftigten Personen ist untersagt, personenbezogene Daten unbefugt zu erheben, zu verarbeiten oder zu nutzen (Datengeheimnis). Diese Personen sind, soweit sie bei nicht-öffentlichen Stellen beschäftigt werden, bei der Aufnahme ihrer Tätigkeit auf das Datengeheimnis zu verpflichten. Das Datengeheimnis besteht auch nach Beendigung ihrer Tätigkeit fort.

Um einen möglichst weitgreifenden datenschutzrechtlichen Schutz sicherzustellen, wird der Anwendungsbereich der Vorschrift sehr weit ausgelegt. Eine Verpflichtung auf das Datengeheimnis ist demnach nicht nur bei Mitarbeitern erforderlich, die sich ausschließlich mit der Verarbeitung personenbezogener Daten befassen. Ausreichend ist es vielmehr, dass der Aufgaben- und Tätigkeitsbereich der betreffenden Stelle den Arbeitnehmer regelmäßig mit personenbezogenen Daten in Verbindung bringt, so dass diese personenbezogenen Daten regelmäßig zur Kenntnis genommen werden.

BEISPIEL: Ein Lagerarbeiter in einem Unternehmen befasst sich primär mit dem Verpacken und Frankieren von Ware. Er hat jedoch auch Zugriff auf einen Firmenrechner auf dem sich das Mailsystem des Unternehmens befindet. Dies genügt bereits für eine zwingende Verpflichtung nach § 5 BDSG.

Für die Praxis bedeut dies: Jeder Mitarbeiter, der Zugang zu einem Bildschirmarbeitsplatz hat, ist zwingend nach § 5 BDSG zu verpflichten. Da dies in den meisten Fällen ohnehin jeder Mitarbeiter eines Unternehmens ist, ist es ganz gängige Praxis, jeden Mitarbeiter auf das Datengeheimnis nach § 5 BDSG zu verpflichten. Diese Verpflichtung muss mit Aufnahme der Tätigkeit erfolgen, so dass es ratsam ist, mit Abschluss des Arbeitsvertrags eine entsprechende Verpflichtung vorzunehmen.

In formeller Hinsicht sieht § 5 BDSG zwar nicht zwingend die Schriftform vor. Um bei behördlichen Prüfungen aber in jedem Fall nachweisen zu können, dass eine entsprechende Verpflichtung erfolgt ist, sollte das entsprechende Dokument in jedem Falle schriftlich eingeholt werden. Zusätzlich ist es aus Praxissicht ratsam, diese neben dem Arbeitsvertrag, in einem zusätzlichen Dokument festzuhalten, auch wenn dies gesetzlich nicht zwingend erforderlich ist. Ausreichend wäre insoweit auch eine Formulierung im Arbeitsvertrag, sofern diese ausreichend hervorgehoben ist und die erforderlichen Inhalte enthält.

Muster einer Verpflichtung auf das Datengeheimnis:

Verpflichtungsschreiben
gemäß § 5 BDSG
Sehr geehrte/r Frau/Herr X,
Sie werden hiermit darauf hingewiesen, dass es Ihnen untersagt ist, geschützte personenbezogene Daten unbefugt zu verarbeiten oder zu nutzen.
Aus § 5 BDSG ergibt sich für Sie die Verpflichtung, das Datengeheimnis zu wahren. Diese Verpflichtung bleibt auch im Falle einer Versetzung oder nach Beendigung des Arbeitsverhältnisses uneingeschränkt bestehen.
§ 5 BDSG lautet wie folgt:
Den bei der Datenverarbeitung beschäftigten Personen ist es untersagt, personenbezogene Daten unbefugt **zu erheben**, zu verarbeiten oder zu nutzen (Datengeheimnis). Diese Personen sind, soweit sie bei nicht-öffentlichen Stellen beschäftigt werden, bei der Aufnahme ihrer Tätigkeit auf das Datengeheimnis zu verpflichten. Das Datengeheimnis besteht auch nach Beendigung ihrer Tätigkeit fort.
Wir weisen Sie weiter darauf hin, dass Verstöße gegen das Datengeheimnis nach § 43 BDSG mit Bußgeld **und** nach § 44 BDSG mit Geld- und Freiheitsstrafe geahndet werden können. In der Verletzung des Datengeheimnisses kann zugleich die Nichterfüllung einer arbeitsrechtlichen Verpflichtung liegen.

> Bei Fragen zu dieser Verpflichtungserklärung und zu allen datenschutzrechtlichen Themen steht Ihnen darüber hinaus unser betrieblicher Datenschutzbeauftragter Herr/Frau XXXX jederzeit gerne zur Verfügung.
> Die Verpflichtung auf das Datengeheimnis gemäß § 5 des BDSG hat der Unterzeichner zur Kenntnis genommen.
> (....), den (....)
> (Unterschrift)

b) Konzernprivileg

Wie bereits weiter oben erläutert existiert, im Datenschutzrecht keinerlei Privilegierung des Konzerns. Das bedeutet: Die Daten des Mitarbeiters dürfen auch nach Begründung des Arbeitsverhältnisses zwar im jeweiligen Unternehmen, jedoch nicht innerhalb des Gesamtkonzerns weitergegeben und verarbeitet werden. Die einzige Ausnahme für einen gesetzlichen Vorbehalt stellt hier in der Praxis oft § 11 BDSG, die so genannte Datenverarbeitung im Auftrag dar. Diese datenschutzrechtliche Ausnahmevorschrift wäre zum Beispiel anwendbar, wenn eine zentrale IT-Abteilung innerhalb des Konzerns die Daten als outgesourcter Dienstleister verwaltet, was in einer Holdingstruktur häufig der Fall ist.

Oft kommt es aber vor, dass zur Wahrnehmung von Steuerungs- und Planungsaufgaben im IT-Bereich Mitarbeiterdaten innerhalb eines Konzerns weitergegeben werden sollen. Dies ist ohne die Einwilligung des Mitarbeiters datenschutzrechtlich nicht zulässig. Denn es gelten die allgemeinen Grundsätze, dass für eine derartige Weitergabe entweder die Einwilligung oder eine gesetzliche Ausnahmevorschrift vorliegen müssen.

> **BEISPIEL:** Ein Software Unternehmen mit Sitz in den USA hat eine deutsche Tochtergesellschaft in Form einer GmbH gegründet. Die Daten der deutschen Vertriebsmitarbeiter sollen zu Controllingzwecken regelmäßig an die amerikanische Muttergesellschaft übermittelt werden.

In der Praxis ist es oftmals sehr schwierig, bei bestehenden Arbeitsverhältnissen, erst recht wenn dies in größerem Umfang erfolgen soll, nachträglich die entsprechenden Einwilligungserklärungen bei den Mitarbeitern einzuholen. Falls also eine Weitergabe von Daten innerhalb eines Konzerns erfolgen soll, empfiehlt es sich, eine Einwilligung hierzu bereits mit der Einstellung des Mitarbeiters einzuholen.

Muster einer Einwilligung zur Weitergabe von Mitarbeiterdaten im Konzern:

> Hiermit erkläre ich meine Einwilligung dazu, dass die mich betreffenden Mitarbeiterdaten (Stammdaten) innerhalb des XY-Konzerns (das sind die Gesellschaften *exakt anzugeben*) zur Personalplanung und konzernweiten Personalsteuerung weitergegeben werden dürfen.
>
> (....), den (....)
>
> (Unterschrift)

c) Merkblatt Datenschutz

Auch wenn keine zwingende gesetzliche Vorschrift hierzu besteht, ist es ratsam, dem Mitarbeiter bei Einstellung ein „Merkblatt Datenschutz" zu übergeben, welches die wesentlichen Regelungen und Vorschriften zum Datenschutz enthält. Auch wenn dies keine Schulung des Mitarbeiters im Datenschutz ersetzt, dokumentiert das Unternehmen hiermit, dass die datenschutzrechtlichen Bestimmungen ernst genommen und beachtet werden, was sich bei Problemen im datenschutzrechtlichen Bereich, insbesondere Beschwerden bei der Datenschutzbehörde, in der Praxis als vorteilhaft erwiesen hat.

Auf einen Blick: Arbeitsvertrag/ Erforderliche Unterlagen

- Immer erforderlich: Verpflichtung auf das Datengeheimnis nach § 5 BDSG.
- Empfehlenswert: Schriftliche, zusätzliche Erklärung zum Arbeitsvertrag.
- Ohne Einwilligung im Arbeitsvertrag ist eine Weitergabe der Mitarbeiterdaten im Konzern im Regelfall unzulässig.
- Ein Merkblatt zum Datenschutz ist sinnvoll, aber gesetzlich nicht zwingend erforderlich.

3. Datenspeicherung im Arbeitsverhältnis

Ist ein Arbeitsverhältnis erst einmal begründet, stellt sich auch hier die Frage, welche Daten im Rahmen des Arbeitsverhältnisses vom Arbeitgeber erhoben und verarbeitet werden dürfen.

a) Umfang der Verarbeitung

aa) Grundsätze

Die Erhebung personenbezogener Daten von Arbeitnehmern ist nach § 32 BDSG zulässig, wenn dies für die Durchführung des Arbeitsverhältnisses erforderlich ist. Dies ist insbesondere dann der Fall, wenn die Erhebung, Speicherung oder Verarbeitung dazu dient,

- gesetzliche oder auf Grund eines Gesetzes bestehende Erhebungs-, Melde-, Auskunfts-, Offenlegungs- oder Zahlungspflichten zu erfüllen,

- die gegenüber dem Arbeitnehmer bestehenden Pflichten zu erfüllen oder

- die gegenüber dem Arbeitnehmer bestehenden Rechte des Arbeitgebers einschließlich der Leistungs- und Verhaltenskontrolle wahrzunehmen.

Eine bloße Nützlichkeit der Daten für den Arbeitgeber ist hingegen nicht ausreichend.

Wie bereits bei der Zulässigkeit von Bewerberdaten dargestellt, kommt es an dieser Stelle wieder stark darauf an, welche Tätigkeit der Arbeitnehmer ausübt.

> **BEISPIEL:** Bei einem Vertriebsmitarbeiter mit provisionsabhängiger Bezahlung ist eine Erfassung der Umsatzdaten datenschutzrechtlich unproblematisch möglich, weil diese der Abrechung des Arbeitsverhältnisses dient und deshalb auch als *erforderlich* im Sinne des § 32 BDSG anzusehen ist.

In dem vorgenannten Beispiel ist eine Erhebung personenbezogener Daten im Arbeitsverhältnis zulässig. Hingegen wäre es unzulässig, den Verzehr in der Betriebskantine zu erfassen, wenn die Kosten nicht bei der Gehaltsabrechnung abgezogen werden sollen.

Zu Zwecken der Datenschutzkontrolle, der Datensicherung oder zur Sicherstellung eines ordnungsgemäßen Betriebs einer EDV-Anlage dürfen beispielsweise personenbezogene Daten wie Benutzer- und Bedienerdaten erhoben werden. Grundsätzlich ist der Arbeitgeber auch berechtigt, die bei der dienstlichen Nutzung von Telekommunikationsdaten der Arbeitnehmer – gegebenenfalls auch des Betriebsrats – anfallenden Daten zu erfassen, das heißt, die von jeder Nebenstelle dienstlich verursachten Kosten nach Zeitpunkt und Dauer zu protokollieren.

bb) Einzelfälle

Bei einer datenschutzrechtlichen Beurteilung der Zulässigkeit einer Erhebung, Speicherung oder Verarbeitung personenbezogener Daten im Arbeitsverhältnis ist auf Basis der oben dargestellten Grundlagen auf den Einzelfall abzustellen:

EINZELFÄLLE zur Zulässigkeit der Datenerhebung im Arbeitsverhältnis:

- Die Erfassung der Verzehrkosten in der Betriebskantine ist nur bei entsprechender Zweckfestlegung auch zur Überprüfung der Einhaltung der Mittagspausenzeiten datenschutzrechtlich zulässig; generell unzulässig ist es dagegen selbst bei entsprechender Zweckfestlegung, diese Daten im Hinblick auf Essgewohnheiten auszuwerten.
- Der Arbeitgeber darf die Beurteilung von Arbeitnehmern hinsichtlich Eignung, Befähigung und fachlicher Leistung sowie sonstige Erkenntnisse zu den Personalakten speichern, soweit die Erkenntnisse Bedeutung für die weitere Personalplanung haben. Voraussetzung ist aber immer, dass die Daten ein korrektes Bild des Arbeitnehmers widerspiegeln.
- In Betrieben kursieren häufig auch Geburtstags- oder Jubiläumslisten. Die Veröffentlichung solcher zulässig erhobenen Angaben, die üblicherweise das Betriebsklima verbessern sollen, sind aber datenschutzrechtlich unzulässig, da es manchem Arbeitnehmer unange-

nehm sein könnte, dass er in seinem Alter „immer noch" Referats-
leiter und noch nicht Abteilungsleiter ist, oder Arbeitnehmer dem
Druck ausgesetzt werden, „einen auszugeben" etc. Gleiches gilt
auch für die Veröffentlichung von Ausbildungsergebnissen oder von
Arbeitnehmererfindungen, da die Betroffenen dies vielleicht lieber
geheim halten wollen.

– Auch die Erstellung von Kassierer-Profilen, das heißt die Erfassung
von Stornierungen, Abrechnungen durch manuelle Eingabe von
Kreditkartennummern, manuelle Preisangaben, Personaleinkäufen
etc. und deren fahndungsähnliche Auswertung ist grundsätzlich unzulässig; es sind nur stichprobenartige Prüfungen zulässig, welche
der grundsätzlichen Prüfung der Integrität der Abrechung dienen.

– Bei Vertriebs- und Außendienstmitarbeitern sollen häufig verglei-
chende Verkaufs- und Umsatzzahlen veröffentlicht werden; da dies
nicht der Durchführung des Arbeitsverhältnisses dient und selbst die
Veröffentlichung von Rennlisten, bzw. Bestenlisten ohne Nennung
der anderen Mitarbeiter diskriminierend sein kann, ist es in einem
solchen Fall angebracht, die Einwilligung der Arbeitnehmer hierzu
bereits bei Abschluss des Arbeitsvertrages einzuholen.

Wie die Fälle oben zeigen, muss also immer eine Interessenabwägung erfolgen, in deren Rahmen die tatsächliche Erforderlichkeit
der Datenerhebung geprüft werden muss.

Selbst mit Einwilligung der Arbeitnehmer ist dem Arbeitgeber nicht
gestattet, über die arbeitsplatztechnische Notwendigkeit einer Aufzeichnung (etwa stichprobenartige Qualitätskontrolle) hinaus die
Daten auch generell für die Mitarbeiterkontrolle zu nutzen. Streitig
ist, ob durch Betriebsvereinbarung das Schutzniveau des BDSG
herabgesetzt werden kann, was aber wohl heute überwiegend ver-
neint wird.

b) Übermittlung an Dritte

Übermittlungspflichten des Arbeitnehmers hinsichtlich der Mitarbeiterdaten bestehen insbesondere gegenüber

- Finanzämtern,

- Arbeitsagenturen,

- Sozialversicherungsträgern sowie

- Industrie- und Handels- oder Handwerkskammern,

welche Melde-, Berichts- oder Auskunftspflichten vorsehen.

Zusätzliche gesetzliche Pflichten bestehen in speziellen Branchen, wie zum Beispiel im Bewachungsgewerbe nach dem Sicherheitsüberprüfungsgesetz.

> **BEISPIEL:** Mitarbeiter eines Catering Betriebes sind im sicherheitsgeschützen Bereich eines Flughafens tätig. Die Mitarbeiter haben nach § 7 Luftsicherheitsgesetz eine Zuverlässigkeitsprüfung vorzulegen. Die Weitergabe der Daten an die entsprechende Behörde zur Durchführung der Prüfung ist insoweit zwingend zur Ausübung der Tätigkeit erforderlich und ist datenschutzrechtlich zulässig.

Im Übrigen dürfen Arbeitnehmerdaten grundsätzlich nicht an Dritte übermittelt werden, es sei denn, es liegt ein ausdrücklicher gesetzlicher Ausnahmetatbestand vor.

Die Übermittlung an Dritte ist auch hier allerdings wieder von der Auftragsdatenverarbeitung abzugrenzen; bei Auftragsdatenverarbeitung bedient sich der Arbeitgeber lediglich eines Dienstleistungsunternehmens, das bestimmte Verarbeitungsvorgänge für den Arbeitgeber betreibt, während der Arbeitgeber der „Herr der Daten" bleibt. Beispiel hierfür sind im Arbeitsverhältnis externe Gehaltsabrechnungsstellen oder auch IT Dienstleister. An die Datenverarbeitung im Auftrag stellt das BDSG nach § 11 BDSG besondere Anforderungen, die unten im Detail dargestellt werden.

> **BEISPIELE zur Übermittlung von Arbeitnehmerdaten an Dritte:**
> - Mitarbeiterdaten wie Lebensläufe oder Fotos dürfen ohne Einwilligung nicht in das Internet gestellt werden, da dies eine Datenübermittlung darstellt.
> - Vom Arbeitsvertrag gedeckt ist die Datenweitergabe an die Bank des Arbeitnehmers bei Überweisung des Gehalts oder die Weitergabe an Versicherungen bei Erfüllung einer zu Gunsten des Arbeitnehmers abgeschlossenen Versicherung.
> - Daneben kann der Arbeitgeber berechtigt sein, personenbezogene Daten im Rahmen von Gerichtsverfahren zu übermitteln oder die

Rechte zu verfolgen, auch zum Beispiel durch die Beauftragung eines Detektivs.

– Leiharbeitsfirmen sind berechtigt, personenbezogene Daten der Leiharbeitnehmer an den Entleiher zu geben.

– Hingegen ist die Übermittlung von Daten an Outplacementfirmen nur mit Zustimmung der Arbeitnehmer zulässig. Gleiches gilt für die Übermittlung von Arbeitnehmerdaten an Versicherungsunternehmen zur Bewerbung mit Versicherungsleistungen.

Sollen zulässig erhobene Daten, die für einen bestimmten Zweck verarbeitet werden dürfen, später für einen anderen Zweck verwendet werden, so ist dies nur unter den Voraussetzungen des § 28 Abs. 1 Nr. 2, 3 BDSG möglich, etwa wenn berechtigte Interessen des Arbeitgebers dies erfordern und kein Grund zur Annahme besteht, dass die Interessen des Arbeitnehmers beeinträchtigt werden.

BEISPIELE:

– Sollen die Daten für die Zugangskontrolle plötzlich für eine Pünktlichkeitskontrolle benutzt werden, dürfte dies trotz berechtigten Interesses des Arbeitgebers gegen die insoweit als höherwertig anzusehenden Interessen der Arbeitnehmer verstoßen.

– Für die Gehaltsabrechnung erhobene Stammdaten dürfen im Bedarfsfall wohl für die Sozialauswahl bei erforderlicher betriebsbedingter Kündigung verwendet werden. Gleiches gilt für die Auswertung krankheitsbezogener Fehlzeiten.

– Mitarbeiterdaten dürfen nicht ohne Weiteres an den Betriebsrat weitergegeben werden; diese Art der Nutzung ist ebenfalls an § 28 Abs. 1 BDSG zu messen.

c) Übermittlung ins Ausland

Problematisch sind Übermittlungen von Arbeitnehmerdaten in das Ausland:

BEISPIELE: Ein deutsches Unternehmen möchte Arbeitnehmerdaten an eine französische Tochtergesellschaft übermitteln, da dort im gesamten Konzern das Personalcontrolling durchgeführt werden soll.

Die Beurteilung der datenschutzrechtlichen Zulässigkeit der Übermittlung hat in zwei Schritten zu erfolgen: Erstens muss die datenschutzrechtliche Zulässigkeit der Übermittlung als solche gegeben
sein. Das bedeutet, eine Übermittlung der personenbezogenen Daten müsste auch ohne Auslandsbezug nach den oben dargestellten
Grundsätzen zulässig sein.

Gelangt man hier zur datenschutzrechtlichen Zulässigkeit, ist in einem zweiten Schritt zu prüfen, ob die Übermittlung in das Ausland
zulässig ist. Hier sieht § 4 b BDSG eine wichtige Privilegierung vor,
wenn eine Übermittlung

- in andere Mitgliedstaaten der Europäischen Union,

- in andere Vertragsstaaten des Abkommens über den Europäischen Wirtschaftsraum oder

- der Organe der Europäischen Gemeinschaften

erfolgt.

Soweit es sich nicht um EU-Mitgliedsstaaten oder EWR-Staaten
handelt, ist eine Übermittlung nur dann nur zulässig, wenn dort das
gleiche Datenschutzniveau herrscht wie in Deutschland. Dies wurde
im Rahmen des Verfahrens nach Art. 31 Abs. 2 EU-Datenschutzrichtlinie unter anderem für die nachfolgenden Länder festgelegt:

- Argentinien

- Australien

- Guernsey

- Isle of Man

- Jersey

- Kanada

- Schweiz.

Die USA weisen kein gleiches Datenschutzniveau wie die europäische Union auf. Insoweit müssen Unternehmen, zu denen personenbezogene Daten transferiert werden, ein zusätzliches Datenschutzniveau nachweisen. Dieses wird als ausreichend angesehen,
wenn die betreffenden Unternehmen in den USA bei der Federal

Trade Commission als Unterzeichner der so genannten Safe Harbour Principles geführt werden.

> **BEISPIEL:** Ein US-Unternehmen möchte die Arbeitnehmerdaten einer deutschen Tochtergesellschaft in einer „Skill-Datenbank" auf einem amerikanischen Server speichern. Neben einem datenschutzrechtlichen Erlaubnistatbestand ist es in jedem Falle erforderlich, dass das US-Unternehmen sich den Safe Harbour Principles unterworfen hat.

d) Löschung und Sperrung

Der Arbeitnehmer hat ein Recht darauf, unrichtige oder unzulässig gespeicherte personenbezogene Daten löschen bzw. sperren zu lassen:

> **BEISPIEL:** Ein Unternehmen belässt in der elektronischen Personalakte einen Eintrag über ein Abmahnungsverfahren, welches vom Arbeitnehmer gewonnen wurde. Da das Arbeitsgericht die Abmahnung für unzulässig beurteilt hat, besteht auch datenschutzrechtlich ein Löschungsanspruch hinsichtlich der Daten in der Personalakte.

Unzulässige Speicherungen müssen beendet werden, was durch Löschung fraglichen Daten zu erfolgen hat. Es ist hierbei irrelevant, ob die Speicherung von Anfang an unzulässig gewesen ist oder erst im Laufe der Zeit eintrat, beispielsweise weil die ursprüngliche Zweckbestimmung in der Zwischenzeit weggefallen ist.

Auch inhaltlich unrichtige Arbeitnehmerdaten sind zu löschen. Hierbei ist aus arbeitsrechtlicher Sicht darauf zu achten, dass das in der Akte verbleibende Profil des Arbeitnehmers aber vollständig und richtig bleiben muss, da dies vor allem für Beförderungen wichtig sein kann.

Werden die Daten nicht mehr benötigt, bestehen aber Aufbewahrungsfristen. Oder ist die Löschung wegen der Art der Speicherung nicht oder nur mit unverhältnismäßigem Aufwand möglich, sind die Daten gemäß § 35 Abs. 3 BDSG zu sperren statt zu löschen. Dieser Fall dürfte aber nur in sehr seltenen Ausnahmefällen einschlägig sein.

BEISPIEL: Ein Unternehmen speichert als back-up alle Umsatzdaten der Vertriebsmitarbeiter unbefristet auf einem back-up-Datenträger. Das Unternehmen benötigt diese Daten nachweislich nach Erstellung des Jahresabschlusses nicht mehr. Eine Selektion und ein Löschen der Daten im Back-up würde jedoch einen sehr hohen technischen Aufwand erfordern. Insoweit kann an die Stelle der Löschung die Sperrung der Daten treten.

e) Löschung nach Beendigung des Arbeitsverhältnisses

Eine spezielle Regelung zur Löschung von Personaldaten oder eine fristenmäßige Vorgabe hierzu existiert nicht. Nach dem Ausscheiden des Arbeitnehmers steht der Arbeitgeber deshalb vor der Frage, wie mit den Arbeitnehmerdaten zu verfahren ist.

Abgesehen von gesetzlichen Aufbewahrungspflichten (beispielsweise nach dem AltTG, dem ArbZG, dem HGB, der AO und dem EStG) obliegt es dem Arbeitgeber, festzulegen, für welche Zwecke er die gespeicherten Daten verwenden will. Insoweit kommt es darauf an, wie lange sich noch Rechte und Pflichten der Arbeitsvertragsparteien ergeben können, so dass die Daten insoweit zu Beweiszwecken aufbewahrt werden müssen. Dies kann auch einen Zeitraum von 60 Jahren umfassen, wenn beispielsweise betriebliche Altersversorgungsansprüche bestehen. Bestehen derartige Aufbewahrungspflichten, sollten die betroffenen Daten jedenfalls so gesperrt werden, dass wirklich nur Einblick in diese Daten genommen werden kann, wenn dies zur Abwicklung des Arbeitsverhältnisses erforderlich ist.

Es kommt also immer auf die spezifischen betrieblichen Gegebenheiten an, welche Fristen ganz konkret anwendbar sind. Denn § 32 BDSG sieht insoweit vor, dass personenbezogene Daten *für Zwecke* des Beschäftigungsverhältnisses erhoben, verarbeitet und genutzt werden dürfen.

Soweit keine Speicherung für eine eventuelle Betriebsrente erforderlich ist, verbleiben insoweit Speicherfristen aus anderen Gesetzen, hier insbesondere:

- Arbeitszeitnachweise: Die Aufbewahrungsfrist beträgt mindestens zwei Jahre, § 16 Abs. 2 Arbeitszeitgesetz;

- Lohnunterlagen: Die Aufbewahrungsfrist für Prüfungen durch das Finanzamt beträgt sechs Jahre, § 4 Abs. 2 Nr. 6 Lohnsteuer-Durchführungsverordnung, § 41 Abs. 1 Einkommensteuergesetz.

Im Ergebnis müssen also sämtliche Personaldaten nach spätestens sechs Jahren gelöscht werden, es sei denn, es besteht eine spezifische, hiervon abweichende Regelung zur Betriebsrente.

Auf einen Blick: Datenspeicherung im Arbeitsverhältnis

- Die Datenerhebung und Nutzung ist immer zulässig, denn sie der Zweckbestimmung des Arbeitsverhältnisses dient.
- Zulässig insoweit (immer): Zeiterfassung, Stammdaten etc.
- Bei darüber hinausgehenden Daten kommt es auf die konkrete Tätigkeit des Mitarbeiters an, ob und inwieweit eine Erhebung und Speicherung zulässig ist (z.B. Umsatzzahlen bei Vertriebsmitarbeitern unbedenklich).
- Geburtstags- und Jubiläumslisten sind im Regelfall ohne Einwilligung des Mitarbeiters unzulässig.
- Eine Weitergabe an Dritte ist nur mit Einwilligung oder aufgrund sehr restriktiv auszulegender Ausnahmetatbestände zulässig (insbesondere Datenauftragsverwaltung, § 11 BDSG).
- Die Übermittlung ins Ausland ist (neben den sonstigen o.g. Anforderungen) nur dann zulässig, wenn es sich um einen EU Mitgliedsstaat oder einen Staat handelt, der die sog. Safe Harbour Principles unterworfen hat.
- Bei unrichtigen oder unzulässig gespeicherten Daten hat der Arbeitnehmer ein Löschungs- und Sperrungsrecht.
- Nach Beendigung des Arbeitsverhältnisses sind Mitarbeiterdaten zu löschen, wenn sich keine Rechte mehr zwischen den Parteien ergeben können und die gesetzlichen Aufbewahrungsfristen abgelaufen sind. Die exakte Frist kann insoweit nur im Einzelfall bestimmt werden und kann (z.B. bei einer Betriebsrente) einen Zeitraum von bis zu 60 Jahren umfassen.

4. Personalakte

a) Gesetzliche Rahmenbedingungen

Der Arbeitgeber ist – auch wenn verschiedene arbeitsrechtliche Normen die schriftliche Niederlegung bestimmter Arbeitsbedingungen fordern – zumindest nicht gesetzlich verpflichtet, Personalakten zu führen. Er ist insoweit nur verpflichtet, bestimmte Dokumente (zum Beispiel Arbeitspapiere, Überstundennachweise etc.) zu Kontrollzwecken vorzuhalten und auch noch für gewisse Zeit nach Ausscheiden des Mitarbeiters aufzubewahren.

Es steht dem Arbeitgeber deshalb auch frei, die Personalakte elektronisch, in Papier oder aber auch sowohl elektronisch als auch in Papier zu führen.

Wenn sich der Arbeitgeber aber zur Führung von Personalakten entscheidet, so hat er bestimmte datenschutzrechtliche Regeln zu beachten, insbesondere hinsichtlich der Vertraulichkeit des Inhalts der Personalakten, was gleichermaßen für die Papierakten wie auch für die elektronische Variante beziehungsweise den elektronischen Teil der Personalakten gilt.

Soweit die Erhebung, Verarbeitung und Nutzung von personenbezogenen Daten nicht in speziellen Gesetzen (zum Beispiel § 17 UWG, § 85 TKG, § 82 Abs. 1 BetrVG, § 16 ArbZG) geregelt wird, unterliegen die elektronischen Personalakten, ebenso wie die sonstigen personenbezogenen Daten darüber hinaus auch den Anforderungen des BDSG. Gleiches gilt auch für die Papierakten, sofern sie personenbezogene Daten enthalten, die offensichtlich aus einer automatisierten Verarbeitung stammen, oder sofern sie gleichmäßig aufgebaut und nicht unstrukturiert (zum Beispiel chronologisch) abgelegt sind.

BEISPIEL: Ein Unternehmen führt neben einer rein elektronischen Personalakte auch eine Personalakte in Papierform. Der Aufbau dieser Personalakten erfolgt nach einem einheitlichen Schema und ist für alle Mitarbeiter gleich, so dass beide Akten den Regelungen des BDSG unterliegen.

b) Datenschutzrechtlich zu beachten

Datenschutzrechtlich sind bei der Führung der Personalakten zwei wesentliche Vorschriften zu beachten. Dies sind § 9 BDSG (Datensicherheit) und § 32 BDSG (die Zweckbindung der Arbeitnehmerdaten).

aa) Zugriff auf die Personalakte

Der Zugriff auf die Personalakte richtet sich nach § 9 BSG und dem Anhang zu § 9 BDSG. Dies sind die Regelungen zur Datensicherheit. Bei Personalakten ist nach diesen Vorschriften:

- Unbefugten der Zutritt zu Datenverarbeitungsanlagen, mit denen Personalakten verarbeitet oder genutzt werden, zu verwehren (Zutrittskontrolle);

- zu verhindern, dass die Datenverarbeitungsanlage, mit denen Personalakten verarbeitet werden, von Unbefugten genutzt werden können (Zugangskontrolle);

- zu gewährleisten, dass die zur Benutzung eines Datenverarbeitungssystems, mit denen Personalakten verarbeitet werden, Berechtigten ausschließlich auf die ihrer Zugriffsberechtigung unterliegenden Daten zugreifen können, und dass personenbezogene Daten bei der Verarbeitung, Nutzung und nach der Speicherung nicht unbefugt gelesen, kopiert, verändert oder entfernt werden können (Zugriffskontrolle);

- zu gewährleisten, dass nachträglich überprüft und festgestellt werden kann, ob und von wem personenbezogene Daten in Datenverarbeitungssysteme, mit denen Personalakten verarbeitet, eingegeben, verändert oder entfernt worden sind (Eingabekontrolle).

Für die Praxis ist also wichtig, dass der Zugriff auf die Personalakte, egal ob diese elektronisch oder in Papierform geführt wird, nach den oben genannten Grundsätzen geschützt ist.

Welche Personen auf die Personakte innerhalb eines Unternehmens Zugriff haben, richtet sich nach der sogenannten datenschutzrechtlichen Zweckbindung. Wie bereits dargestellt, bestimmen sich die grundsätzlichen Anforderungen hier nach § 32 BDSG und der Frage, welche Daten für die Begründung des Beschäftigungsverhältnisses erforderlich sind. Zweck der Personakte ist es, Bestand, Führung und Beendigung des Arbeitsverhältnisses zu dokumentieren. Daher haben im Regelfall nur die folgenden Personen Zugriff auf die Personalakte des Mitarbeiters:

- unmittelbarer Vorgesetzter (z.B. Abteilungsleiter),

- Personalabteilung und

- Geschäftsführung.

Für Konzerne ist es dabei wichtig zu wissen, dass im Datenschutzrecht kein Konzernprivileg existiert. Eine eng auszulegende Ausnahme würde nur dann vorliegen, wenn das Arbeitsverhältnis Konzernbezug aufweist.

> **BEISPIEL:** Ein Mitarbeiter wird in einem internatonal tätigen Konzernunternehmen als Justiziar für den Gesamtkonzern eingestellt. Diese Tätigkeit hat bereits aufgrund ihrer Tätigkeitsbeschreibung Konzernbezug. Eine Weitergabe der personenbezogenen Daten dieses Mitarbeiters innerhalb des Konzerns ist trotz der Tatsache, dass grundsätzlich kein datenschutzrechtliches Konzernprivileg besteht, zulässig,

Das bedeutet: Auf die Personalakte kann jeweils nur innerhalb eines Unternehmens lediglich der oben genannte Personenkreis zugreifen.

Dies schafft in der Praxis regelmäßig dann Probleme, wenn innerhalb einer Konzernstruktur ein Konzernunternehmen Zugriff auf die Personalakte – oder auch sonstige Arbeitnehmerdaten – fordert. Da das Konzernunternehmen wie ein Drittunternehmen behandelt wird, gilt auch hier der datenschutzrechtliche Grundsatz des Verbots mit Erlaubnisvorbehalt. Eine Weitergabe innerhalb des Konzerns oder Einsicht in die Personalakte durch einen anderes Konzernunternehmen ist daher datenschutzrechtlich im Regelfall nicht zulässig, es sei denn, es besteht, z.B. wegen des Konzernbezugs der Tätigkeit ein datenschutzrechtlicher Ausnahmetatbestand.

Dies führt in der Praxis immer dann zu Problemen, wenn ein Konzern seine Personalaktivitäten zentral steuern möchte und die Verarbeitungsprozesse über eine reine Datenverarbeitung im Auftrag hinaus gehen. Man sollte daher schon früh (z.B. bei der Einstellung des Mitarbeiters) sicherstellen, dass die entsprechende Einwilligung des Mitarbeiters zur Verarbeitung seiner Daten innerhalb des Konzerns eingeholt wird.

Muster einer Einwilligung zur Verarbeitung der Daten innerhalb des Konzerns

Hiermit erkläre ich mich einverstanden, dass meine personenbezogenen Daten aus dem Arbeitsverhältnis innerhalb des XYZ-Konzerns verarbeitet werden. Die vorgenante Verarbeitung dient dabei auch der strategischen Personalplanung innerhalb des XYZ-Konzerns, weshalb ich mein Einverständnis insbesondere zur Weitergabe an die XYZ-Holding erkläre.

_____

Ort, Datum, Unterschrift

bb) Inhalte

Auch bei den Inhalten der Personalakte gilt das Prinzip der Erforderlichkeit nach § 32 BDSG. In der Personalakte dürfen also aus datenschutzrechtlicher Sicht nur solche Daten abgespeichert werden, die zur Erfüllung des unmittelbaren Vertragszwecks – also dem Arbeitsverhältnis – erforderlich sind. Das sind typischerweise

- Bewerbungsunterlagen,
- Anstellungsvertrag sowie
- sonstige Personalunterlagen (wie z.B. Abmahnungen).

Wichtig ist hierbei, dass nach der arbeitsgerichtlichen Rechtsprechung, unabhängig von den oben genannten datenschutzrechtlichen Bestimmunen, detaillierte Regelungen bestehen, nach welchen Zeiträumen Einträge in die Personalakte (wie z.B. Abmahnungen) gelöscht werden müssen.

Inhalte, die nicht zur Erfüllung des Arbeitsvertrages zweckgebunden sind, dürfen aus datenschutzrechtlicher Sicht nicht in der Personalakte gespeichert werden.

> **BEISPIEL:** Inhaltliche Informationen zu Krankheiten, die zu Fehltagen geführt haben, wie z.B. im folgenden Fall.
> Ein großer Discounter speichert Informationen zu Krankheiten von Mitarbeitern in den Personalakten. Dort finden sich z.B. die folgenden Hinweise:
> – „Hat Probleme schwanger zu werden"
> – „Hat starke Neurodermitis"
> – „Fehlte an fünf Tagen wegen Rückenschmerzen".

Die Speicherung der personenbezogenen Daten in den vorgenannten Beispielen in der jeweiligen Personalakte des Mitarbeiters ist datenschutzrechtlich unzulässig. Die Daten sind für die Durchführung des Arbeitsverhältnisses nicht erforderlich im Sinne des § 32 BDSG.

cc) Rechte des Arbeitnehmers

Das Recht der Arbeitnehmer auf Einsicht in ihre Personalakte, egal ob in Papierform oder elektronisch, richtet sich nicht nach dem BDSG, sondern nach der insoweit spezielleren Vorschrift des § 83 BetrVG.

Neben dieser speziellen Vorschrift, welche sich ausschließlich auf die Personalakte bezieht, stehen dem Arbeitnehmer weitere Auskunftsansprüche zu, welche Daten außerhalb der eigentlichen Personalakte betreffen:

> **BEISPIEL:** Ein Geschäftsstellenleiter eines Immobileinunternehmens führt neben der offiziellen Personalakte eine systematische Aufstellung, in der Krankheitstage und Umsatz der jeweils für ihn tätigen Mitarbeiter dokumentiert werden.

In dem vorgenannten Beispiel haben die Mitarbeiter einen Auskunftsanspruch über die zu ihrer Person gespeicherten Daten.

Datenschutzrechtlich hat jeder Arbeitnehmer zusätzlich das Recht auf Auskunft über die zu seiner Person gespeicherten Daten, soweit diese sich auf die Herkunft dieser Daten beziehen, auch über Empfänger der Daten und den Zweck der Speicherung. Die Auskunftsrechte ergeben sich aus § 34 BDSG.

Darüber hinaus hat jeder Arbeitnehmer auch das Recht auf Berichtigung, Löschung und Sperrung von Daten nach Maßgabe des § 35 BDSG:

§ 35 BDSG „Berichtigung, Löschung und Sperrung von Daten"

(1) Personenbezogene Daten sind zu berichtigen, wenn sie unrichtig sind. Geschätzte Daten sind als solche deutlich zu kennzeichnen.

(2) Personenbezogene Daten können außer in den Fällen des Absatzes 3 Nr. 1 und 2 jederzeit gelöscht werden. Personenbezogene Daten sind zu löschen, wenn

1. ihre Speicherung unzulässig ist,
2. es sich um Daten über die rassische oder ethnische Herkunft, politische Meinungen, religiöse oder philosophische Überzeugungen, Gewerkschaftszugehörigkeit, Gesundheit, Sexualleben, strafbare Handlungen oder Ordnungswidrigkeiten handelt und ihre Richtigkeit von der verantwortlichen Stelle nicht bewiesen werden kann,
3. sie für eigene Zwecke verarbeitet werden, sobald ihre Kenntnis für die Erfüllung des Zwecks der Speicherung nicht mehr erforderlich ist, oder
4. sie geschäftsmäßig zum Zweck der Übermittlung verarbeitet werden und eine Prüfung jeweils am Ende des vierten, soweit es sich um Daten über erledigte Sachverhalte handelt und der Betroffene der Löschung nicht widerspricht, am Ende des dritten Kalenderjahres beginnend mit dem Kalenderjahr, das der erstmaligen Speicherung folgt, ergibt, dass eine längerwährende Speicherung nicht erforderlich ist.

Personenbezogene Daten, die auf der Grundlage von § 28a Abs. 2 Satz 1 oder § 29 Abs. 1 Satz 1 Nr. 3 gespeichert werden, sind nach Beendigung des Vertrages auch zu löschen, wenn der Betroffene dies verlangt.

(3) An die Stelle einer Löschung tritt eine Sperrung, soweit

1. im Fall des Absatzes 2 Satz 2 Nr. 3 einer Löschung gesetzliche S.ungsmäßige oder vertragliche Aufbewahrungsfristen entgegenstehen,
2. Grund zu der Annahme besteht, dass durch eine Löschung schutzwürdige Interessen des Betroffenen beeinträchtigt würden, oder
3. eine Löschung wegen der besonderen Art der Speicherung nicht oder nur mit unverhältnismäßig hohem Aufwand möglich ist.

Wird dem Arbeitnehmer durch die unzulässige oder unrichtige Erhebung, Verarbeitung oder Nutzung seiner personenbezogenen Daten ein Schaden zugefügt, ist der Arbeitgeber zusätzlich zu den oben dargestellten Ansprüchen auf Korrektur oder Löschung zu Schadensersatz verpflichtet. Denkbar ist dies zum Beispiel im Rahmen einer Beförderungsentscheidung wenn einzelne Beurteilungen fehlerhaft eingegeben wurden und diese Eingabefehler zu einer anderen Auswahlentscheidung geführt haben.

Aus Arbeitnehmersicht besteht neben rein zivilrechtlichen Ansprüchen, welche vor dem Arbeitsgericht geltend gemacht werden müssen, auch die Möglichkeit, aufsichtsrechtlich gegen den Arbeitgeber wegen einer Verletzung datenschutzrechtlicher Vorschriften vorzugehen. Die Arbeitnehmer haben also auch jederzeit das Recht, sich an die Aufsichtsbehörde und den betrieblichen Datenschutzbeauftragten zu wenden, wenn sie Verletzungen ihrer datenschutzrechtlichen Rechte befürchten.

Auf einen Blick: Personalakte

- Das Unternehmen muss keine formelle Personalakte führen, aber zumindest die Arbeitspapiere, Überstundennachweise vorhalten.

- Die Führung der Personalakte unterliegt in der Regel dem BDSG auch dann, wenn keine EDV-mäßige Verarbeitung stattfindet, sondern lediglich eine Papierakte vorgehalten wird.

- Es muss sichergestellt sein, dass die Personalakte einer ausreichenden Zugangskontrolle, Zugriffskontrolle und Eingabekontrolle unterliegt.

- Zugriff auf die Personalakte haben in der Regel nur:
  - unmittelbarer Vorgesetzter (z.B. Abteilungsleiter),
  - Personalabteilung und
  - Geschäftsführung.

- Innerhalb des Konzerns besteht kein Konzernprivileg, d.h. eine Weitergabe und/oder Einsicht ist innerhalb des Konzerns im Regelfall nicht möglich, es sei denn, es liegt eine entsprechende Einwilligung des Arbeitnehmers oder ein eindeutiger Konzernbezug der jeweiligen Position vor.

- Inhaltlich dürfen nur Daten aufgenommen werden, die zur Erfüllung des Vertragszweckes (=Arbeitsverhältnis) erforderlich sind.

5. Nutzung von Internet und E-Mail

In der Praxis treten häufig Fallkonstellationen auf, bei denen es um die Frage geht, ob und inwieweit der Internet- und E-Mailverkehr eines Mitarbeiters überwacht oder eingesehen werden darf. Die Beantwortung dieser Frage hängt maßgeblich davon ab, ob die private Nutzung dieser Dienste gestattet oder nicht gestattet wurde:

a) Rechtslage bei Gestattung privater Internet und E-Mail-Nutzung

Aus Arbeitgebersicht stellt sich die Rechtslage bei Gestattung der privaten E-Mail-Nutzung tendenziell nachteilig dar. Hauptgrund hierfür ist, dass nach weit überwiegender Ansicht das Telekommunikationsgesetz (TKG) in diesem Falle Anwendung findet.

aa) Telekommunikationsgesetz

Sofern das Telekommunikationsgesetz auf die E-Mail-Nutzung bzw. E-Mail-Gestattung anwendbar ist, hat der Arbeitgeber vor allem das Fernmeldegeheimnis aus § 88 TKG zu beachten.

Zunächst ist festzuhalten, dass das TKG bei der ausdrücklichen, aber auch – und das wird in der Praxis oft vergessen – der konkludenten Gestattung der privaten E-Mail-Nutzung Anwendung findet. § 3 S. 6 TKG definiert den Begriff Diensteanbieter wie folgt:

> **§ 3 Nr. 6 TKG „Begriffsbestimmungen"**
>
> „Diensteanbieter" jeder, der ganz oder teilweise geschäftsmäßig
> a) Telekommunikationsdienste erbringt oder
> b) an der Erbringung solcher Dienste mitwirkt;

Als Zwischenergebnis lässt sich damit festhalten, dass jede Art der individuellen Nachrichtenübermittlung einschließlich E-Mail und Telefax als Telekommunikation eingestuft werden kann. Dennoch ist vielen Arbeitgebern nicht bewusst, dass sie bei der Gestattung der E-Mail-Nutzung in den Anwendungsbereich des Telekommunikationsgesetzes gelangen. Denn das Telekommunikationsgesetz gilt auch dann, wenn keine Gewinnerzielungsabsicht vorliegt. Dies wird beim Arbeitgeber – hinsichtlich der E-Mail-Nutzung – regelmäßig der Fall sein.

Da der Anwendungsbereich des Telekommunikationsgesetzes eröffnet ist, hat ein Arbeitgeber das Fernmeldegeheimnis nach § 88 TKG zu beachten. Diese Bestimmung dient der Umsetzung der verfassungsrechtlichen Vorgaben des Art. 10 GG.

Das Fernmeldegeheimnis verbietet dabei jegliche inhaltliche Überwachung oder Überprüfung durch den Arbeitgeber, sofern die private Nutzung gestattet ist. Dies ergibt sich aus dem eindeutigen Wortlaut der Vorschrift: Dem Fernmeldegeheimnis unterliegen der Inhalt der Telekommunikation und ihre näheren Umstände, insbesondere die Tatsache, ob jemand an einem Telekommunikationsvorgang beteiligt ist oder war, § 88 TKG.

Aus aktuellem Anlass ist eine Entscheidung des LAG Berlin-Brandenburg zusätzlich erwähnenswert, welche die oben dargestellten Grundsätze zur Frage der Anwendbarkeit des TKG auf die betriebsinterne Internet- und E-Mail-Nutzung relativiert hat (Urteil v. 16.2.2011, 4 Sa 2132/10): Der Sachverhalt spielte hier in einem Betrieb der Automobilindustrie, in dem die klagende Arbeitnehmerin seit 1988 beschäftigt war. Die erste Besonderheit des Falles (der sich deshalb auch nicht generalisieren lässt) liegt darin, dass im betreffenden Betrieb eine Regelung bestand, dass die private Mailnutzung zwar gestattet war, jedoch eine Kennzeichnung der betreffenden privaten Mails mit „privat" durch den Mitarbeiter erfolgen musste. Im streitigen Fall selbst deaktivierte die Arbeitnehmerin den Abwesenheitsassistenten und war in der Folge für mehrere Wochen entweder im Urlaub oder krank gemeldet. Sie wurde daraufhin wiederholt durch den Arbeitgeber dazu aufgefordert, den Zugriff auf ihre E-Mails zu ermöglichen. Da hierauf keine Reaktion erfolgte, wurde das betreffende Mailpostfach schließlich unter Anwesenheit des betrieblichen Datenschutzbeauftragten, des Betriebsrates und der Sozialbetreuer geöffnet.

Die Arbeitnehmerin wendete sich hiergegen im Wege einer arbeitsgerichtlichen Klage. Sie begehrte dabei, dass Kollegen und Dienstvorgesetzte es unterlassen sollen , die über den personalisierten Fir-

men-E-Mail-Account eingegangenen E-Mails zur Kenntnis zu nehmen, zu öffnen, zu lesen, zu speichern, auszudrucken oder weiterzuleiten.

Neu und in dieser Form nicht vorhersehbar war, dass das LAG Berlin trotz einer Genehmigung der privaten Nutzung keinen Verstoß
erkannte gegen:

- Art. 10 Abs. 1 GG (Fernmeldegeheimnis), da im Posteingang be-
  lassene E-Mails nicht mehr hiervon geschützt sind, da kein laufender Kommunikationsvorgang mehr vorliege.

- § 1004 BGB i.V.m. § 823 Abs. 2 BGB i.V.m. § 206 StGB (Fernmeldegeheimnis), da kein geschäftsmäßiges Erbringen von Post- oder
  Telekommunikationsdiensten durch den Arbeitgeber vorliege.

- § 1004 BGB i.V.m. § 823 Abs. 2 BGB i.V.m. § 202 a StGB (Ausspähen von Daten), da nur dienstliche E-Mails geöffnet worden
  waren (laut dem anwesenden Betriebsratsmitglied).

- § 1004 BGB i.V.m. Art 1 Abs. 1, 2 Abs. 1 GG (allgem. Persönlichkeitsrecht), da die nach Art. 14 GG (v.a. Aufrechterhaltung des un-
  gestörten Arbeitsablaufes) geschützten Interessen des Arbeitgebers
  überwiegen und nur dienstliche E-Mails geöffnet worden sind.

Auch wenn das betreffende Urteil wegen der spezifischen Besonderheiten des Falles nicht verallgemeinert werden kann, zeigt es, dass
Gerichte von einer ganz klaren und herrschenden Meinung abweichen können und dass man sich immer in einem unsicheren rechtlichen Bereich bewegt, wenn keine eindeutige Regelung im Betrieb
besteht. Es ist also von zentraler Bedeutung, eine klare und eindeutige Regelung zur Internet- und E-Mail Nutzung im Unternehmen zu
besitzen.

bb) Bundesdatenschutzgesetz

Unabhängig davon, ob die private E-Mail-Nutzung gestattet oder
nicht gestattet ist, unterliegt der Arbeitgeber in jedem Falle den Bestimmungen des BDSG. Für den Fall einer ausdrücklichen Gestattung gelten diese Vorschriften kumulativ zu denjenigen des TKG.
Falls die private E-Mail-Nutzung nicht gestattet ist, gilt das BDSG
alternativ.

Ist der Anwendungsbereich des BDSG eröffnet, ergibt sich für den Bereich der E-Mail-Nutzung eine wesentliche Einschränkung aus § 32 Abs. 1 BDSG. Demnach dürfen personenbezogene Daten nur dann gespeichert, geändert oder übermittelt werden, wenn dies im Rahmen der Zweckbestimmung des Arbeitsverhältnisses oder vertragsähnlicher Vertrauensverhältnisse mit den Betroffenen erfolgt, oder, soweit es zur Wahrung berechtigter Interessen der Speicherstelle erforderlich ist und kein Grund zu der Annahme besteht, dass schutzwürdige Interessen des Betroffenen an dem Ausschluss der Verbreitung oder Nutzung offensichtlich überwiegen.

Dem Arbeitnehmer stehen auch bei der Internet- und E-Mail Nutzung aus den §§ 33, 34 BDSG Benachrichtigungs- und Auskunftspflichten zu. Nach § 34 BDSG kann der Betroffene (hier der Arbeitnehmer) jederzeit Auskunft verlangen über die zu seiner Person gespeicherten Daten, auch soweit sie sich auf die Herkunft dieser Daten beziehen; Empfänger oder Kategorien von Empfängern, an die Daten weitergegeben wurden, und den Zweck der Speicherung.

BEISPIEL: Ein Arbeitnehmer hat durch die „Gerüchteküche" erfahren, dass sein Arbeitsplatzrechner überwacht wird und gezielt Logfiles zu seiner Person angefertigt und ausgewertet werden.

Neben der Frage der grundsätzlichen Zulässigkeit einer solchen Überwachung steht dem Arbeitnehmer in jedem Falle ein Auskunftsanspruch zu allen Daten zu, welche über ihn erhoben werden. Er kann seinen Arbeitgeber also dazu auffordern, umfassend Auskunft darüber zu geben, welche Logfiles über ihn erhoben und ausgewertet werden.

Zusammenfassend lässt sich bei der Gestattung der privaten E-Mail-Nutzung durch den Arbeitgeber folgendes festhalten: Wesentlich ist, dass der Anwendungsbereich des § 88 TKG eröffnet ist. Demnach hat der Arbeitgeber die Pflicht, das Fernmeldegeheimnis zu wahren. De facto steht die E-Mail-Nutzung einem privaten Telefonat des Arbeitnehmers gleich. Jeglicher Zugriff verbietet sich. Sollen personenbezogene Daten im Rahmen des E-Mail-Verkehrs erhoben, gespeichert oder verarbeitet werden, ist hierfür eine Zustimmung des Arbeitnehmers gemäß § 4 a BDSG erforderlich. Eine Erhebung, Nutzung oder Verarbeitung im Rahmen des § 32 BDSG unterliegt einer Abwägung zwischen den berechtigten Interessen des Arbeitgebers und dem allgemeinen Persönlichkeitsrecht des Arbeitnehmers.

b) Rechtslage bei Verbot privater Internet- und E-Mail-Nutzung

Hat der Arbeitgeber die private Nutzung von Internet- und E-Mail ausdrücklich verboten, stellt sich die Rechtslage aus seiner Sicht wesentlich günstiger dar. Vor allem der Umstand, dass das TKG, hier vor allem das Fernmeldegeheimnis aus § 88 TKG, *nicht* anwendbar ist, führt zu erheblichen Erleichterungen im Rahmen der Kontrolle und Überwachung von Mitarbeiter-E-Mails. Gleichwohl ist zu beachten, dass das Bundesdatenschutzgesetz weiterhin Anwendung findet.

c) Ansprüche des Arbeitnehmers

Die oben dargestellten rechtlichen Grundsätze zur privaten Internet- und E-Mail-Nutzung sind deshalb von besonderer praktischer Relevanz, weil der Arbeitgeber bei einer Missachtung der entsprechenden rechtlichen Vorschriften nicht nur zivilrechtlichen Ansprüchen des Arbeitnehmers ausgesetzt ist. Es drohen zusätzlich auch strafrechtliche Sanktionen wegen einer Verletzung des Post- und Fernmeldegeheimnisses, § 206 StGB.

Ansprüche des Arbeitnehmers:

- Unterlassungsanspruch analog §§ 823 Abs. 1, 1004 Abs. 1 BGB wegen Verletzung des allgemeinen Persönlichkeitsrechts,
- Unterlassungsanspruch aus § 823 Abs. 2 BGB i.V.m. Schutzgesetzen (BDSG und/oder TKG),
- Löschungsanspruch relevanter Daten aus §§ 823, 1004 Abs. 1 Satz 1 BGB
- Löschungsanspruch relevanter Daten aus § 35 BDSG,
- Schadenersatzanspruch aus § 823 Abs. 1 BGB sowie
- strafrechtliche Sanktionierung aus § 206 StGB (Verletzung des Post- oder Fernmeldegeheimnisses).

Auch wenn zur Frage des Beweisverwertungsverbotes von nicht rechtmäßig erhobenen E-Mail-Daten im deutschen Rechtskreis noch keine explizite Rechtsprechung existiert, ist davon auszugehen, dass ein absolutes Beweisverwertungsverbot zumindest dann besteht, wenn die entsprechenden Daten rechtswidrig erhoben wurden, da von einer Verletzung des allgemeinen Persönlichkeitsrechts auszugehen ist. In analoger Anwendung der Rechtsprechung zur Aufzeichnung von vertraulichen Gesprächen und Telefonaten kann immer dann von einem Beweisverwertungsverbot ausgegangen werden, wenn in ein verfassungsrechtlich geschütztes Individualrecht eingegriffen wurde und die Verwertung nicht ausnahmsweise durch eine Güterabwägung gerechtfertigt ist.

d) Wichtig: Regeln der Internet und E-Mail Nutzung

Wegen der oben dargestellten komplexen Rechtslage ist es in der Praxis dringend ratsam, die Internet- und E-Mail Nutzung im Unternehmen eindeutig und klar zu regeln. Dies kann beispielsweise im Wege einer internen Internet- und E-Mail Policy oder auch einer Betriebsvereinbarung geschehen:

> **BEISPIEL:** Ein Unternehmen entscheidet sich dazu, die Internet- und E-Mail Nutzung klar zu regeln. Die Geschäftsführung ist sich aber unklar darüber, ob ein ausdrückliches Verbot rechtlich wirklich erforderlich ist, weil tatsächlich fast alle Mitarbeiter zumindest gelegentlich das Internet und auch E-Mail privat nutzen.

Der im Beispiel dargestellte Fall ist typisch und kommt sehr oft vor. Aus Praxissicht geschiet es gerade bei größeren Unternehmen und Konzernen häufig, dass die private Nutzung von Internet und E-Mail grundsätzlich verboten ist. Im Gegensatz hierzu stehen meist junge Unternehmen (z.B. in der IT-Branche), für die das Internet ein so wichtiges Kommunikationsmittel ist, dass auch die private Nutzung zugelassen wird.

Aus datenschutzrechtlicher Sicht sind beide Alternativen darstellbar und möglich, ohne Rechtsnachteile zu erleiden. Denn auch bei einer vollständigen Erlaubnis der privaten Nutzung besteht die Möglichkeit, Inhalte bestimmter Websites (wie z.B. Pornographie) ausdrücklich auszuschließen und eine ausreichende Kontrolle und Überwachung bei Missbrauch sicherzustellen.

aa) Regelung in Internet und E-Mail Policy

Ein Unternehmen kann eine Internet- und E-Mail Policy nicht nur dazu nutzen, Rechtsklarheit und Rechtssicherheit zu schaffen, sondern auch, um wesentliche Handlungsempfehlungen beim Umgang mit der IT-Infrastruktur einzuführen.

> **BEISPIEL:** Das Unternehmen hat sich in dem unten dargestellten Beispiel zu einer restriktiven Regelung der Internet- und E-Mail Nutzung entschieden, welche nur zu betrieblichen Zwecken zulässig sein soll. Weiterhin sollen in der Internet- und E-Mail Policy verschiedene Sachverhalte geregelt werden, welche erfahrungsgemäß zu Problemen bei der fehlerfreien Bereitstellung der IT-Infrastruktur führen. (z. B. exzessive Datenübertragungsraten durch die Nutzung von Web-Radio).

Muster einer Internet-Policy:

Internet- und E-Mail Policy

1. Allgemeine Grundsätze

    Musterunternehmen stellt seinen Mitarbeitern den Zugang zum Internet sowie die Nutzung von E-Mail auf Grundlage der vorliegenden Internet-Policy zur Verfügung.

1.1 Warum diese Internet-Policy unbedingt beachtet werden muss

    Neben den Vorteilen, die Internet- und E-Mail-Nutzung für die Kommunikation und Information der Mitarbeiter bieten, sind mit diesen Medien auch erhebliche Risiken verbunden. So können z.B. durch die unsachgemäße Internet- und E-Mail-Nutzung Computerviren in das EDV-System von MUSTERUNTERNEHMEN gelangen und zu erheblichen Schäden führen. Um diese und andere Schäden zu vermeiden, ist die Internet- und E-Mail-Nutzung nur im Rahmen der vorliegenden Internet-Policy zulässig und gestattet.

1.2 Betriebliche und private Nutzung

Sowohl Internet-, also auch E-Mail-Zugang stellen betriebliche Mittel von Musterunternehmen dar. Daher steht es Musterunternehmen frei, einzelnen Mitarbeitern einen E-Mail- und/oder Internetzugang zu gewähren bzw. diesen Zugang zu widerrufen.

Die Internet- und E-Mail-Nutzung ist in der Regel nur zu betrieblichen Zwecken zulässig.

Auf Grund der Tatsache, dass eine Abgrenzung zur privaten Nutzung im Einzelfall schwierig ist und sich eine derartige private Nutzung in der Praxis auch nie ganz ausschließen lässt, ist eine private Nutzung in gelegentlichen Ausnahmefällen zulässig, soweit hierdurch die Arbeitsleistung des Mitarbeiters nicht beeinträchtigt wird. Wie bei Telefon und Fax darf sich die private Nutzung von Internet und E-Mail insoweit nur in einem begrenzten Zeitrahmen bewegen. Auch im Rahmen dieser beschränkten privaten Nutzung gelten die Regelungen der vorliegenden Internet-Policy.

Zum Umgang mit Internet und E-Mail wird im Übrigen auf die entsprechenden Handbücher und Mitarbeiterschulungen zur Internet- und E-Mail-Nutzung verwiesen.

1.3 Ausschließliche Geltung

Die vorliegende Internet-Policy gilt für sämtliche Mitarbeiter von Musterunternehmen. Sie ersetzt sämtliche bisher bestehenden Regelungen zur Internet- und E-Mail-Nutzung. Für die Nutzung von Internet und E-Mail bei Musterunternehmen ist somit ausschließlich die vorliegende Internet-Policy maßgeblich.

2. Internetnutzung

2.1 Verbotene Internetseiten

Mitarbeitern von Musterunternehmen ist es nicht gestattet, Internetseiten mit rechtswidrigen, diffamierenden, sittenwidrigen Inhalten oder Inhalten mit sexuellen Themen aufzurufen. Hierunter fallen insbesondere:
– gewaltverherrlichende,
– pornografische,
– rechts- oder linksradikale,
– politisch radikal motivierte,
– sowie sonstige jugendgefährdende
Internetseiten.

2.2 Downloads/Uploads

Downloads aus dem Internet stellen ein erhebliches technisches Risiko für Musterunternehmen dar. Aus diesem Grunde ist es Mitarbeitern von Musterunternehmen in der Regel nicht gestattet, Downloads aus dem Internet oder über das Internet durchzuführen. Dies gilt insbesondere für den Download von urheberrechtlich geschützten Materialien, wie Filmen oder Musiktiteln.

Eine Ausnahme hierzu stellt der Download von betrieblich notwendigen Dokumentdateien aus dem Internet dar (z.B. pdf- oder Word-Dateien), die im Rahmen eines abgesicherten Downloadverfahrens nach standardisierter Prüfung für den Mitarbeiter freigegeben werden.

Uploads von Dateien auf Internetplattformen oder über internetbasierte Tauschbörsen sind Mitarbeitern von Musterunternehmen nicht gestattet.

2.3 Internetgestützte Programme

Eine Nutzung von Programmen, welche Kommunikation oder Datenaustausch über das Internet ermöglichen ist den Mitarbeitern von Musterunternehmen nicht gestattet. Hierzu zählt insbesondere die Nutzung von sog. Instant Messaging Programmen (wie z.B. ICQ, Microsoft Messanger etc.). Gleiches gilt für die Nutzung von WebRadio oder WebTV, sowie internetgestützten Softwareprogrammen von Tauschbörsen.

2.4 Teilnahme an Newsgroups, Foren und Chats

Die Teilnahme an Newsgroups, Foren und Chats ist Mitarbeitern von Musterunternehmen nicht gestattet.

2.5 Internet-Bestellungen/Shopping

Mitarbeitern von Musterunternehmen ist es nicht gestattet, Bestellungen über das Internet durchzuführen. Dies gilt für Bestellungen jeglicher Art, unabhängig davon, welche Leistung mit der Bestellung bezogen werden soll, wie z.B. Reisebuchungen, Buchbestellungen über das Internet o.ä.

2.6 Ausnahmen

Sofern Mitarbeiter auf Dienste oder Seiten zugreifen möchten, zu denen der Zugang nach der vorliegenden Internet-Policy nicht gestattet ist (2.1 bis 2.5), müssen derartige Ausnahmen mit dem Abteilungsleiter abgestimmt werden. Bei betrieblich veranlassten Bestellungen für Musterunternehmen (2.5) ist zusätzlich sicherzustellen, dass die Zustimmung der zuständigen Abteilung zur Bestellung über Internet vorliegt und die Bestellbestätigungen bzw. der Bestellprozess zu Beweis- und Dokumentationszwecken ausgedruckt und aufbewahrt werden.

3.　E-Mail-Nutzung

3.1　Verbotene Inhalte

Mitarbeitern von Musterunternehmen ist es nicht gestattet, E-Mails mit rechtswidrigen, diffamierenden oder sittenwidrigen Inhalten oder Inhalten mit sexuellen Themen zu versenden. Hierunter fallen insbesondere E-Mails mit:

– gewaltverherrlichenden,
– pornografischen,
– rechts- oder linksradikalen,
– politisch radikal motivierten sowie
– sonstige jugendgefährdenden

Inhalten.

Form, Wortwahl und Signatur von E-Mails sollten den geschäftlichen Gepflogenheiten entsprechen und den guten Ruf von Musterunternehmen in der Öffentlichkeit auch dann nicht gefährden, wenn die E-Mail nicht an den beabsichtigten Empfänger gelangt. Einzelheiten hierzu ergeben sich aus den Vorgaben in den Handbüchern zur Internet und E-Mailnutzung.

3.2　Kettenbriefe

Mitarbeitern von Musterunternehmen ist es nicht gestattet, Kettenbriefe, weder intern, noch extern, weiterzuleiten und zu bearbeiten. Dies gilt unabhängig vom Inhalt des Kettenbriefes, d.h. also auch bei „Scherz-E-Mails" oder vermeintlich sozial motivierten Kettenbriefen.

3.3　Umgang mit Spam

Trotz entsprechender technischer Vorkehrungen ist es nicht auszuschließen, dass Mitarbeiter von Musterunternehmen einzelne Spam-E-Mails, d.h. unerwünschte Werbe-E-Mails erhalten.

Derartige Spam-E-Mails dürfen vom Mitarbeiter keinesfalls beantwortet oder weitergeleitet werden. Spam-E-Mails sollten vom Mitarbeiter sofort gelöscht werden. Sofern Spam-E-Mails gehäuft auftreten, ist hierüber der jeweilige Vorgesetzte zu informieren.

Sofern Spam-E-Mails Anhänge enthalten, ist durch den Mitarbeiter in jedem Falle sicherzustellen, dass derartige Anhänge weder geöffnet, noch intern weitergeleitet werden.

3.4　Vertretungsregelung/Austritt

Sofern ein Mitarbeiter betrieblich veranlasst oder wegen Krankheit E-Mails nicht an seinem Arbeitsplatz abrufen kann, ist es ihm nicht gestattet, diese im Wege einer automatischen Weiterleitung auf einen privaten E-Mail-Account oder einen Firmen-Account, der nicht zu Musterunternehmen gehört, weiterzuleiten.

Sofern ein Mitarbeiter für einen Zeitraum von mehr als zwei Tagen auf Grund betrieblicher Abwesenheit vom Arbeitsplatz seine E-Mails nicht abrufen kann, ist sicherzustellen, dass eine entsprechende Abwesenheitsnotiz eingerichtet wird. In dieser Abwesenheitsnotiz ist ein Vertreter mit dessen Korrespondenzdaten (insbesondere E-Mail-Adresse und Telefonnummer) zu nennen. Der Mitarbeiter hat sicherzustellen, dass eingehende E-Mails intern an diesen Vertreter weitergeleitet werden.

Nach Ausscheiden aus dem Arbeitsverhältnis werden E-Mail-Accounts des Mitarbeiters gelöscht. Dies bedeutet, dass der Mitarbeiter weder Zugriff auf seinen ehemaligen E-Mail-Account erhält, noch die entsprechenden Daten übermittelt oder archiviert werden. Weiterhin weist Musterunternehmen darauf hin, dass die E-Mail-Accounts nach Austritt des Mitarbeiters im eigenen Ermessen eingesehen werden können, um sicherzustellen, dass eingegangene sowie ggf. noch eingehende E-Mails für betriebliche Belange genutzt werden können.

3.5   Verbreitung der eigenen E-Mail-Adresse

Mitarbeitern von Musterunternehmen ist nicht gestattet, die betriebliche E-Mail-Adresse über das Internet zu verbreiten, bzw. im Internet zu veröffentlichen. Dies gilt insbesondere hinsichtlich der Verwendung der E-Mail-Adresse für Mailinglisten oder Newsletter. Die betriebliche E-Mail-Adresse darf insofern nur in schriftlicher Form oder in Form individueller Kontakte per E-Mail an bekannte Empfänger verbreitet werden.

3.6   Vertraulichkeit

Die Sicherheit von unverschlüsselten E-Mails ist am Besten mit der Sicherheit einer Postkarte zu vergleichen. Aus diesen Gründen dürfen Informationen, die vertrauliche Inhalte über Geschäftsprozesse, Kundendaten, Daten zur Preisfindung und Preisgestaltung grundsätzlich nur in verschlüsselter Form per E-Mail versendet werden.

3.7   Ausnahmen

Sofern Mitarbeiter das E-Mail-System entgegen den Regelungen der vorliegenden Internet-Policy nutzen möchten (3.1 bis 3.6), ist hierfür die Abstimmung mit der IT-Abteilung erforderlich. Dies gilt auch, sofern der Bezug von Newslettern (3.5) betrieblich veranlasst ist.

Bei betrieblich veranlasster E-Mail-Nutzung für Beschaffungs- und Bestellprozesse im Namen und im Auftrag von Musterunternehmen ist zusätzlich sicherzustellen, dass die Zustimmung der zuständigen Abteilung zur E-Mail-Nutzung hinsichtlich derartiger Bestellungen vorliegt und die E-Mails zu Beweis- und Dokumentationszwecken ausgedruckt und aufbewahrt werden.

4. Kontrolle und Sanktionen

4.1 Kontrolle

Die Internet- und E-Mail-Nutzung der Mitarbeiter wird von Musterunternehmen weder zur Überwachung, noch zur Kontrolle des Verhaltens der Mitarbeiter herangezogen. Musterunternehmen respektiert und gewährleistet insoweit die Persönlichkeitsrechte der Mitarbeiter und stellt die Einhaltung der anwendbaren datenschutz- und telekommunikationsrechtlichen Vorschriften sicher.

Es wird darauf hingewiesen, dass sowohl die Protokoll-, als auch Verbindungsdaten (Nutzungsdaten) automatisch erfasst werden. Diese Daten werden in der Regel ausschließlich zu den folgenden Zwecken verwendet:
– Gewährung der Systemsicherheit,
– Steuerung und Optimierung des Systems,
– Analyse und Korrektur von technischen Fehlern und Störungen,
– Fehleranalyse und -behebung,
– Datensicherheit sowie
– Virenüberwachung/Virenscanning.

4.2 Vorgehensweise bei Missbrauch

Sofern gegen Musterunternehmen oder einen Mitarbeiter ein strafrechtlicher Tatbestandsvorwurf erhoben wird, ist Musterunternehmen zur vollen Kooperation mit der zuständigen Staatsanwaltschaft bzw. den Ermittlungsbehörden verpflichtet. Es wird insoweit ausdrücklich darauf hingewiesen, dass auch die aufgezeichneten Nutzungsdaten (4.1) an die Staatsanwaltschaft oder Ermittlungsbehörden weitergegeben werden. Musterunternehmen ist hierzu verpflichtet, um sich nicht selbst einem Strafbarkeitsrisiko auszusetzen.

Zur Gewährung der Systemsicherheit ist XXXX weiterhin dazu berechtigt, gespeicherte Nutzungsdaten (4.1) im Einzelfall und bei einem ausreichenden Verdacht des Missbrauchs, insbesondere bei dem Verdacht eines Verstoßes gegen die vorliegende Internet-Policy, einzusehen und zu überprüfen. Die Ergebnisse können im arbeits-, zivil- oder auch strafrechtlichen Verfahren verwendet werden. Es wird insoweit darauf hingewiesen, dass ein Verstoß gegen die vorliegende Internet-Policy einen arbeitsrechtlichen Verstoß darstellt, der zur Abmahnung und Kündigung des Arbeitsverhältnisses führen kann. Mitarbeiter von XXXX sollten aus diesem Grunde in ihrem eigenen Interesse sicherstellen, dass die vorliegende Internet-Policy beachtet wird.

bb) Regelung in einer Betriebsvereinbarung

Sofern ein Betriebsrat im Unternehmen besteht, kann eine Regelung der Internet- und E-Mail Nutzung auch über eine Betriebsvereinbarung erfolgen:

BEISPIEL: Das Unternehmen hat sich in diesem Fall für eine Kompromisslösung entschieden: Zwar soll die private Nutzung von Internet- und E-Mail grundsätzlich nicht gestattet sein, jedoch will man den Mitarbeitern soweit entgegenkommen, dass eine Nutzung in den Pausenzeiten zulässig sein soll.

Muster einer Betriebsvereinbarung Internet- und E-Mail Nutzung:

Betriebsvereinbarung
über die Verwendung von Internet und E-Mail am Arbeitsplatz

Die Geschäftsführung und der Betriebsrat der Musterunternehmen schließen folgende Betriebsvereinbarung:

1. Regelungsgegenstand

   Diese Betriebsvereinbarung regelt die betriebliche und private Nutzung von Internet und E-Mail am Arbeitsplatz.

2. Geltungsbereich

   Diese Vereinbarung gilt

2.1 persönlich für alle Mitarbeiter/innen des Musterunternehmens. Ausgenommen sind leitende Angestellte im Sinne des Betriebsverfassungsgesetzes (BetrVG).

2.2 sachlich für die Nutzung von Internet und E-Mail am Arbeitsplatz.

   Die Nutzung des Internet zur Übertragung von Dateien, insbesondere per FTP (File Transfer Protokoll), gilt als Internetnutzung im Sinne dieser Betriebsvereinbarung.

Sofern im Folgenden nicht eine ausdrückliche Unterscheidung erfolgt, umfasst der Begriff „E-Mail" im Sinne dieser Betriebsvereinbarung sowohl die Nutzung des Firmen E-Mail Accounts, als auch jegliche E-Mail Nutzung über private Accounts per Internet (Webmail, z.B. über Yahoo oder web.de).

2.3 räumlich für die Musterunternehmen.

3. Rangfolge

Sofern und soweit sich aus dieser Betriebsvereinbarung nichts anderweitiges ergibt, gelten sämtliche anderen Betriebsvereinbarungen, insbesondere die Betriebsvereinbarung .....

4. Zweckbestimmung

E-Mail dient der Kommunikation der Beschäftigten untereinander sowie mit externen Stellen. Die Nutzung des Internet dient dem Zugriff auf weltweit verfügbare Informationen und Daten und dem Angebot fremdbezogener Informationen.

Die Nutzung von Internet und E-Mail ist grundsätzlich nur für dienstliche Belange zulässig.

5. Private Nutzung

5.1 Die private E-Mail Nutzung ist aus Sicherheitsgründen ausnahmslos weiterhin nicht gestattet. Dies gilt auch für die interne Weiterleitung von Dateien unbekannten Inhalts, insbesondere sogenannter Spaß- oder Junk-E-Mails. Weiterhin ist es wegen der Gefahr des sogenannten E-Mail Spammings (unerwünschte Werbesendung per E-Mail) nicht gestattet, die E-Mailadresse des Firmenaccounts (also z.B. hans.meier@xxxx.de) im Internet zu verbreiten oder bei Internetangeboten anzugeben.

5.2 Die private Internetnutzung ist weiterhin nicht gestattet.

5.3 Das Musterunternehmen hat sich jedoch dazu entschlossen, die private Internetnutzung unabhängig vom Grundsatz in S. 5.2 zu gestatten, wenn die folgenden Voraussetzungen vorliegen:
   – Nutzung ausschließlich in der Zeit von 12:00 – 13:00, bzw. von 17:00 – 19:00 Uhr;
   – keine Beeinträchtigung der Gesamtarbeitszeit und Arbeitsleistung, d.h. Nutzung ausschließlich in den Pausen;
   – kein Ausschluss nach Ziff 5.4.

5.4 Ausgeschlossen von der privaten und Nutzung des Internet ist die Verarbeitung von Internetseiten und Dateien mit den folgenden Inhalten
   – jegliche Art von strafbaren Inhalten;

- gewaltverherrlichende, pornografische, rechts- und linksradikale und jugendgefährdende Inhalte;
- rechtswidrige Verarbeitung von urheberrechtlich geschützten Inhalten;
- Übertragung und Bearbeitung von Dateien nicht bekannten Inhalts, insbesondere der Download von Dateien aus dem Internet;
- jegliche Art von Tausch- und Versteigerungsplattformen (z.B. yyy);
- jegliche Art von Shoppingangeboten;
- jegliche Art von sonstigen kostenpflichtigen Angeboten.

5.5   Die Gewährung der privaten Nutzungsbefugnis hinsichtlich der Internetnutzung in S. 5.3 erfolgt freiwillig und ist jederzeit widerrufbar. Insbesondere wird eine betriebliche Übung nicht begründet. Es handelt sich um den Versuch des Musterunternehmens, die betriebliche Internetnutzung den geänderten Bedürfnissen einer modernen Zeit und Gesellschaft anzupassen.

6.   Zugriffsrecht und Passwort/Vertretungsregelung

6.1   Jeder berechtigte Mitarbeiter/in des Musterunternehmens erhält Zugang zur Internet- und E-Mail-Nutzung über ein entsprechendes Netzzugangspasswort. Über das Einrichten der Zugangsberechtigung entscheidet die Firma frei, d.h. es besteht kein Anspruch der Arbeitnehmer auf Zugang zu Internet oder E-Mail.

6.2   Im Urlaubsfalle hat jeder Mitarbeiter/in die Verpflichtung zur Einrichtung einer Auto-Reply-Antwort, d.h. einer automatischen Antwort, dass sich der entsprechende Mitarbeiter/in zu einem bestimmten Zeitraum im Urlaub befindet. Alternativ hierzu kann einem Mitarbeiter/in im Rahmen der Vertretung Zugang auf die E-Mails gewährt werden. Der IT-Abteilung steht es frei, einen Vertreter in diesem Sinne zu benennen.

7.   Sperrung von Inhalten

Es steht dem Musterunternehmen frei, im beliebigen Ermessen einzelne Internetseiten oder auch Gruppen von Internetseiten zu bestimmten Themen zu sperren. Die Sperrung liegt im alleinigen Ermessen des Musterunternehmens. Sofern ein Mitarbeiter Zugang zu einer bestimmten Internetseite aus dienstlichen Gründen wünscht, muss ein entsprechender Antrag zur Freischaltung an die IT-Abteilung übersendet werden. Ein Anspruch auf Freischaltung besteht nicht.

8.   Überwachung Kontrolle

8.1   Die Internet- und E-Mail-Nutzung wird seitens des Musterunternehmens im Normalfall nicht zur Überwachung und Kontrolle des Verhaltens der Mitarbeiter/innen herangezogen.

Erfasst werden aber Protokoll- oder Verbindungsdaten (Nutzungsdaten). Die Protokolldaten werden im Normalfall ausschließlich zu den folgenden Zwecken verwendet:

– Gewährleistung der Systemsicherheit;
– Steuerung und Optimierung des Systems;
– Analyse und Korrektur von technischen Fehlern und Störungen;
– Kostenstellenbezogen Abrechnung der Systemkosten;
– Fehleranalyse und Behebung;
– Datensicherheit;
– Virenüberwachung/Virenscanning.

8.2 Sofern ein begründeter Verdacht besteht, dass gegen die Regelungen in S. 5 dieser Betriebsvereinbarung, insbesondere gegen S. 5.3 und 5.4, verstoßen wurde, hat das Musterunternehmen das Recht, die nach S. 9.1 gespeicherten Protokolle und Logfiles zu überprüfen und auszuwerten. Die Ergebnisse können in einem zivil- oder strafrechtlichen Verfahren verwendet werden. Sofern ein strafrechtlicher Tatbestandsvorwurf gegeben ist, hat die Musterunternehmen die Verpflichtung, die entsprechenden Inhalte an die Staatsanwaltschaft weiterzugeben, insbesondere um sich nicht ihrerseits einem Strafbarkeitsrisiko auszusetzen.

8.3 Der Betriebsrat und der Datenschutzbeauftragte ist vor einer Auswertung der Logfiles, wie in S. 8.2 beschrieben, zu informieren.

9. Sonstige Bestimmungen

9.1 Sollte eine der vorstehenden Bestimmungen wegen eines Gesetzesverstoßes oder aus sonstigen Gründen rechtsunwirksam sein oder rechtsunwirksam werden, so bleiben Rechtswirksamkeit und Verbindlichkeit der übrigen Bestimmungen erhalten.

9.2 Geschäftsführung und Betriebsrat verpflichten sich, rechtsunwirksame durch rechtswirksame Bestimmungen zu ersetzen, die dem ursprünglichen Zeck am nächsten kommen.

10. Inkrafttreten, Geltungsdauer

Diese Vereinbarung tritt mit Unterschrift in Kraft. Sie kann mit einer Frist von 3 Monaten zum Ende eines Jahres gekündigt werden.

YYY, den _____

_____   _____
Geschäftsleitung   Betriebsrat

cc) Checkliste: Internet- und E-Mail Policy

Unabhängig davon, ob die Umsetzung der Internet- und E-Mail Policy in einer generischen Policy, einem Anhang zum Arbeitsvertrag oder einer Betriebsvereinbarung erfolgt, soll die nachfolgende Checkliste dazu dienen, die wichtigsten Punkte zu regeln, um ein datenschutzkonformes Regelwerk zu erstellen:

Checkliste: Internet/E-Mail-Policy	
1. Internet-Nutzung	
Regelungsinhalt	**Beispiele**
Grundsatz der Nutzung	Internet- und E-Mail-Zugang stellen betriebliche Mittel dar. Eine Nutzung ist nur betrieblich veranlasst möglich.
Private Nutzung	☐ Eine private Nutzung ist während Pausen sowie in gelegentlichen Ausnahmefällen zulässig. ☐ Soweit keine Beeinträchtigung der Gesamtarbeitszeit und Leistungen.
Ausschlüsse	Ausgeschlossen sind: ☐ jegliche Art von strafbaren Inhalten; ☐ gewaltverherrlichende, pornografische, politisch motiviert radikale Inhalte ☐ jugendgefährdende Inhalte; ☐ rechtswidrige Verarbeitung von urheberrechtlich geschützten Inhalten; ☐ Übertragung und Bearbeitung von Dateien nicht bekannten Inhalts, insbesondere der Download von Dateien aus dem Internet; ☐ jegliche Art von Tausch- und Versteigerungsplattformen (z.B. ebay); ☐ jegliche Art von Shoppingangeboten; ☐ jegliche Art von sonstigen kostenpflichtigen Angeboten; ☐ die Nutzung von sog. Instant Massaging Programmen (z.B. ICQ, Microsoft Massenger, usw.); ☐ WebRadio und WebTV; ☐ Tauschbörsen (KaZaa, EMule, usw.).
Widerruflich	Einräumung der privaten Nutzung erfolgt jederzeit widerruflich und freiwillig.
Sperrung von Inhalten	Unternehmen steht es frei, Seiten in beliebigem Umfang zu sperren (wie z.B. facebook oder e-bay) und/oder „Webwasher" bzw. „Contentfilter" einzusetzen.

Checkliste: Internet/E-Mail-Policy	
Regelungen zur Nutzung	☐ Keine Nutzung internetbasierter Programme wie z.B. Chats. ☐ Kein (Online-)Gaming. ☐ Umgang mit Cookies/Cache. ☐ Funktion „Automatisches Ausfüllen von Formularen".
Kontrolle und Sanktionen	☐ Keine Kontrolle des Verhaltens von Mitarbeitern. ☐ Hinweis auf automatische Erfassung von Nutzungsdaten zu folgenden Zwecken: ☐ Gewährung der Systemsicherheit, ☐ Steuerung und Optimierung des Systems, ☐ Analyse und Korrektur von technischen Fehlern und Störungen, ☐ Fehleranalyse und -behebung, ☐ Datensicherheit sowie ☐ Virenüberwachung/Virenscanning. ☐ Bei strafrechtlichem Tatverdacht: Herausgabe der Nutzungsdaten an Staatsanwaltschaft oder Ermittlungsbehörden. ☐ Bei ausreichendem Verdacht des Missbrauchs können die Daten in arbeits-, zivil- oder strafrechtlichen Verfahren verwendet werden. Ein Verstoß gegen diese Policy stellt einen arbeitsrechtlichen Verstoß dar, der zu einer Abmahnung und/oder Kündigung führen kann.
2. E-Mail Nutzung	
Regelungsinhalt	**Beispiele**
Grundsatz der Nutzung	☐ Eine Nutzung ist nur betrieblich veranlasst möglich. ☐ Bei Versendung an mehrere Empfänger nach Möglichkeit die „Bcc-Option" zu nutzen, damit der Empfänger nicht die komplette Empfängerliste einsehen kann.
Private Nutzung	☐ Die private Nutzung ist unzulässig/zulässig. ☐ Rechtswidrige, diffamierende und/oder sittenwidrige Inhalten oder Inhalten mit sexuellen Themen dürfen nicht versendet werden. Hierunter fallen insbesondere E-Mails mit: ☐ gewaltverherrlichenden, ☐ pornografischen, ☐ rechts- oder linksradikalen, ☐ politisch radikal motivierten, ☐ sowie sonstige jugendgefährdenden Inhalten.
Widerruflichkeit	Einräumung der privaten Nutzung erfolgt jederzeit widerruflich und freiwillig.

Checkliste: Internet/E-Mail-Policy	
Vertretungsregelungen/ Zugriffsrechte	☐ Automatische Weiterleitung an private oder sonstige E-Mail-Adressen, die nicht zum Unternehmen gehören ist untersagt. ☐ Bei Abwesenheit von mehr als vier Arbeitstagen ist eine Abwesenheitsnotiz einzurichten und ein Vertreter mit Korrespondenzdaten zu benennen (auto reply). Automatische Weiterleitung an Vertreter: ja/nein? ☐ Bei krankheitsbedingter Abwesenheit von mehr als vier Wochen hat der Arbeitgeber das Recht auf das Postfach zuzugreifen. ☐ Bei Ausscheiden oder Freistellung des Mitarbeiters hat der Arbeitgeber das Recht auf das Postfach zuzugreifen. Mitarbeiter kann private E-Mails sichern.
Nutzungsregelungen	☐ Keine Kettenbriefe weiterleiten. ☐ SPAM soll sofort gelöscht werden. Bei häufigem Auftreten ist der IT-Verantwortliche zu informieren. Anhänge an SPAM-E-Mails dürfen weder geöffnet noch intern weitergeleitet werden. ☐ >Keine Weitergabe der geschäftlichen Mailadresse im Internet für private Zwecke (z.B. für Newsletter oder bei social media Anwendungen).

Auf einen Blick: Internet- und E-Mail Nutzung

■ Wichtigste Unterscheidung: Private Internet- und E-Mail Nutzung gestattet oder nicht gestattet.

■ Unternehmen sollten sich nicht auf die gesetzlichen Vorschriften alleine verlassen (siehe aktuelles Urteil des LAG Berlin, Urteil v. 16.2.2011, 4 Sa 2132/10)

■ Bei Gestattung: Anwendbarkeit des TKG. Wegen des Fernmeldegeheimnisses ist eine Überwachung nur sehr eingeschränkt zulässig.

■ Dringend empfehlenswert: Eindeutige Regelung zur Internet- und E-Mail Nutzung in Arbeitsvertrag, Internet- und E-Mail Policy oder Betriebsvereinbarung.

6. Nutzung von Telefondaten

a) Allgemeine Grundsätze sowie Gespräche mit einer Interessenvertretung

In der Praxis stellt die Erhebung, Verarbeitung und Nutzung von Inhalten einer nur zu beruflichen oder dienstlichen Zwecken erlaubten Nutzung von Telefondiensten oft ein datenschutzrechtliches Problem dar. Hier ist vor allem die Frage umstritten, ob und inwieweit ein Arbeitgeber Telefondaten nutzen und auswerten darf. Es ist dabei datenschutzrechtlich nicht relevant, ob es sich um klassische Telefonie über ein Festnetz, Mobilfunk oder über das Internet (Voice over Internet Protocol - VoIP) handelt.

Ein berechtigtes Interesse des Arbeitgebers an diesen Inhalten ist immer bei Gesprächen der Beschäftigten mit ihren Interessenvertretungen (Betriebsrat, Personalrat, der Jugend- und Auszubildendenvertretung, Schwerbehindertenvertretung, Gleichstellungsbeauftragter) auszuschließen.

In allen anderen Fällen ist immer eine ausdrückliche Einwilligung des Arbeitnehmers erforderlich, die aber auch dann vorliegt, wenn der Gesprächspartner nach der Unterrichtung das Telefonat fortsetzt. Ein heimliches Mithören von Telefonaten ist dem Arbeitgeber selbstverständlich untersagt.

b) Call-Center und telefonische Kundenbetreuung

Eine Ausnahme zum datenschutzrechtlichen Verbot des Arbeitgebers Telefongespräche zu überwachen, kann dann vorliegen, wenn die Erbringung von Telefondiensten wesentlicher Inhalt der geschuldeten Arbeitsleistung des Beschäftigten ist. Dies ist beispielsweise bei Call-Centern oder der telefonischen Kundenbetreuung regelmäßig der Fall.

> **BEISPIEL:** Ein Immobilienmaklerunternehmen möchte prüfen, welcher Makler besonders hartnäckig und aktiv in der Telefonakquise ist. Aus diesem Grunde werden Dauer, Uhrzeiten und Anzahl der Anrufe der Makler erfasst und ausgewertet.

Insoweit erscheint es sachgerecht, dass der Arbeitgeber in solchen Fällen die Möglichkeit hat, die Arbeitsleistung seines Beschäftigten ohne dessen konkretes Wissen im Einzelfall stichprobenartig oder anlassbezogen authentisch zur Kenntnis nehmen zu können. Da lediglich eine stichprobenartige oder anlassbezogene Erhebung, Verarbeitung und Nutzung dieser Inhaltsdaten zulässig ist, ist eine lückenlose Kontrolle des Mitarbeiters ausgeschlossen. Der Mitarbeiter muss zudem vorab über die Möglichkeit z.B. des Mithörens durch den Arbeitgeber in einem eingegrenzten Zeitraum informiert sein. Gleiches gilt für seine Kommunikationspartner, die darüber hinaus in eine Aufnahme ausdrücklich eingewilligt haben müssen.

Für die Praxis ist es darüber hinaus bedeutsam, dass der Arbeitgeber den Mitarbeiter unmittelbar im Anschluss an die jeweils durchgeführte Überwachung, nachträglich hierüber unterrichtet.

Auf einen Blick: Nutzung von Telefondaten

- Telefonate von und mit Interessenvertretungen (Betriebsrat, Personalrat, der Jugend- und Auszubildendenvertretung, Schwerbehindertenvertretung, Gleichstellungsbeauftragter): Jegliche Datenerhebung datenschutzrechtlich unzulässig.
- Sonst: Immer nur mit Einwilligung des Mitarbeiters.
- Ausnahme: Telefonat ist wesentlicher Teil des beruflichen Leistungsbildes (z.B. Call-Center). Auch hier jedoch nachträgliche Unterrichtung erforderlich.

7. Datenschutz und Betriebsrat

a) Geltung des BDSG für den Betriebsrat

Der Betriebsrat ist datenschutzrechtlich Teil der verantwortlichen Stelle, also Teil des Unternehmens, und muss daher selbst *keinen* eigenen Datenschutzbeauftragten bestellen; andererseits hat der betriebliche Datenschutzbeauftragte gegenüber dem Betriebsrat keine Kontrollbefugnisse.

Dennoch hat der Betriebsrat die Verpflichtungen des BDSG zu erfüllen und ist an die Anforderungen des BDSG gebunden.

b) Datenschutz im Betriebsrat

Der Betriebsrat darf grundsätzlich keine eigene Personaldatei aufbauen; personenbezogene Daten werden nach dem Betriebsverfassungsrecht üblicherweise nur zur – dauerhaften oder zeitlich befristeten – Einsichtnahme zur Verfügung gestellt, was eine Speicherung nicht rechtfertigt.

> **BEISPIEL:** Der Betriebsrat hat ein bloßes Einsichtnahmerecht in Gehaltsdaten, darf diese aber nicht selber speichern oder verarbeiten.

Wird dem Betriebsrat also gesetzlich nur Einsicht in Unterlagen gewährt, so darf er diese Unterlagen nicht speichern oder verarbeiten.

Eine Verarbeitung von Personaldaten kommt ebenfalls nur dann und solange in Betracht, wie dies zur Ausübung des konkreten Informations- oder Mitbestimmungsrechts des Betriebsrats erforderlich ist. Je nach Größe des Unternehmens wird es dem Betriebsrat aber nicht verwehrt sein, gewisse Grundinformationen auch auf Dauer automatisiert zu verarbeiten.

Soweit das Betriebsverfassungsgesetz ausnahmsweise eine automatisierte Verarbeitung nicht ausschließt, richtet sich die Zulässigkeit nach § 28 BDSG, also vor allem nach der Zweckbestimmung des Arbeitsverhältnisses. Grundstammdaten wie Name, Arbeitsplatz, Betriebszugehörigkeitsdauer etc. dürfen hingegen gespeichert werden, ohne dass man von einer unzulässigen Vorratsspeicherung ausgehen muss, da der Betriebsrat wissen muss, wen er vertritt.

Eine Überlassung von Daten durch den Betriebsrat an die Gewerkschaft ist ohne Einwilligung der betroffenen Mitarbeiter immer unzulässig.

> **Auf einen Blick: Datenschutz und Betriebsrat**
>
> - Der Betriebsrat benötigt selbst keinen Datenschutzbeauftragten, da er Teil der verantwortlichen Stelle, d.h. des jeweiligen Unternehmens ist.
> - Die Erhebung und Speicherung von Mitarbeiterdaten ist (zusätzlich) beim Betriebsrat datenschutzrechtlich nicht zulässig.
> - In der Regel besitzt der Betriebsrat nur ein bloßes Einsichtsrecht in die gesamten Personalakten.

8. Videoüberwachung

Die Videoüberwachung des Arbeitnehmers steht im klassischen Spannungsfeld zwischen dem Interesse des Arbeitgebers an einer Absicherung seines Betriebs und den datenschutzrechtlichen Rechten der Mitarbeiter.

Bei der Beurteilung der datenschutzrechtlichen Zulässigkeit der Videoüberwachung ist zwischen

- Videoüberwachung im öffentlichen Betriebsgelände und der
- Videoüberwachung im nicht-öffentlichen Betriebsgelände zu unterscheiden.

a) Videoüberwachung im öffentlichen Betriebsgelände

Die datenschutzrechtliche Zulässigkeit der Videoüberwachung im öffentlichen Betriebsgelände richtet sich nach § 6 b BDSG:

§ 6 b Abs. 1 BDSG „Beobachtung öffentlich zugänglicher Räume mit optisch-elektronischen Einrichtungen"

(1) Die Beobachtung öffentlich zugänglicher Räume mit optisch-elektronischen Einrichtungen (Videoüberwachung) ist nur zulässig, soweit sie
1. zur Aufgabenerfüllung öffentlicher Stellen,
2. zur Wahrnehmung des Hausrechts oder

> 3. zur Wahrnehmung berechtigter Interessen für konkret festgelegte Zwecke erforderlich ist und keine Anhaltspunkte bestehen, dass schutzwürdige Interessen der Betroffenen überwiegen.

Unter öffentlich zugänglichen Räumen sind umbaute Flächen zu verstehen, die ihrem Zweck nach dazu bestimmt sind, von einer unbestimmten Zahl oder nach allgemeinen Merkmalen bestimmten Personen betreten oder genutzt zu werden. Insoweit können öffentliche Betriebsgelände auch außerhalb eines Gebäudes liegen, wenn eine ausreichende Umbauung und Abgrenzung (z.B. durch Zäune) vorliegt.

BEISPIELE:
– Bahnsteige
– Verkaufsräume
– Eingangsbereich/Empfang eines Bürogebäudes
– Ausstellungsräume.

Wichtig ist insoweit auch § 6 b Abs. 2 BDSG, welcher vorsieht, dass die Videoüberwachung durch geeignete Maßnahmen (z.B. Schilder) kenntlich zu machen ist.

Für private Unternehmen ist demnach die Videoüberwachung öffentlich zugänglicher Räume zulässig, wenn sie entweder zur Wahrung des Hausrechts oder Wahrnehmung berechtigter Interessen für konkret festgelegte Ziele dient.

Unproblematisch ist hier in der Regel die Videoüberwachung zur Wahrung des Hausrechts. So ist es in vielen größeren Unternehmen üblich und zur Wahrung der Sicherheit, z.B. vor Einbrechern erforderlich. Oft wird insoweit der Eingangsbereich per Video überwacht. Häufig wird dabei allerdings vergessen, dass entsprechend der oben dargestellten Vorschriften ein Hinweis erforderlich ist.

BEISPIEL: Ein Unternehmen überwacht Eingangsbereiche mit Videokameras. Das Unternehmen muss im Eingangsbereich entsprechende Hinweisschilder zur Videoüberwachung anbringen.

Für die Dokumentation des gesetzlich erforderlichen berechtigten Interesses des Unternehmens an einer Videoüberwachung ist es für die Praxis bedeutsam, dass die im Gesetz genannten konkret festgelegten Zwecke vor Beginn der Videoüberwachung konkret festgelegt und schriftlich beschrieben werden. Dies kann (muss aber nicht zwingend) in einer Verfahrensbeschreibung erfolgen. Die Beweislast für eine konkrete und rechtzeitige Festlegung der vorgenannten Zwecke obliegt insoweit dem Unternehmen.

Muster für Festlegung der Zwecke bei Videoüberwachung:

Umfang der Videoüberwachung:

Die XYZ-AG hat sich dazu entschlossen, die Hauptkasse während der Geschäftszeiten per Video zu überwachen. Hierzu wird eine Videokamera jeweils an der Decke der Geschäftsräume platziert, deren Aufnahmebereich auch die Kassen selbst erfasst. Die Mitarbeiter werden entsprechend informiert. Da es sich um eine allgemein zugänglichen Teil des Geschäftsbetriebes handelt, werden zusätzlich Schilder in den Geschäftsräumen platziert, die auf die Videoüberwachung hinweisen.

Zweckbestimmung der Videoüberwachung:

Die Zweckbestimmung der vorgenannten Videoüberwachung ist es sicherzustellen, dass (i) keine unberechtigten Personen auf die Kassenbestände zugreifen und (ii) berechtigte Personen Kassenbestände nicht ohne Berechtigung verändern oder ohne Berechtigung hierauf zugreifen. Durch die entsprechende Information über die Videoüberwachung soll auch eine gewisse Präventivwirkung gewährleistet werden.

Die Festlegung des Zwecks der Videoüberwachung soll den Unternehmer nach dem Willen des Gesetzgebers auch dazu bewegen, über den konkreten Einsatz der Videoüberwachung zu reflektieren und nachzudenken. Allgemein gehaltene Formulierungen, wie z.B. *„zur Gefahrabwehr"* oder *„zur Abwehr von Straftaten"* sind daher nicht ausreichend.

Im Übrigen sind die Zwecke der Videoüberwachung im Gesetz nicht näher definiert, so dass jeweils im Wege einer Einzelfallbetrachtung ermittelt werden muss, ob die konkret geplante Maßnahme datenschutzrechtlich zulässig ist oder nicht. Hierbei ist die Erforderlichkeit im Wege der Abwägung zu ermitteln.

BEISPIEL: Ein Unternehmen überwacht den Kassenbereich mit Videokameras, weil es in der Vergangenheit immer wieder zu Unregelmäßigkeiten und Diebstählen gekommen ist.

b) Videoüberwachung im nicht-öffentlichen Betriebsgelände

Die Videoüberwachung im Bereich nicht-öffentlich zugänglichen Betriebsgeländen ist nur zulässig:

- zur Zutrittskontrolle,
- zur Wahrnehmung des Hausrechts,
- zum Schutz des Eigentums,
- zur Sicherheit des Beschäftigten,
- zur Sicherung von Anlagen,
- zur Abwehr von Gefahren für die Sicherheit des Betriebes sowie
- zur Qualitätskontrolle,

soweit sie zur Wahrung wichtiger betrieblicher Interessen erforderlich ist und wenn nach Art und Ausmaß der Videoüberwachung keine Anhaltspunkte dafür bestehen, dass schutzwürdige Interessen der Betroffenen am Ausschluss der Datenerhebung überwiegen.

Zum Schutz der Beschäftigten ist die Videobeobachtung jedoch nur im Zusammenhang mit dem Vorliegen von wichtigen betrieblichen Interessen und einer darüber hinausgehenden Interessenabwägung zulässig. Wichtige betriebliche Interessen sind insoweit nur in den genannten Fällen anzunehmen. Der Schutz des Eigentums bezieht sich sowohl auf das Eigentum des Arbeitgebers, als auch auf das Eigentum von Beschäftigten und Dritten, z. B. Kunden oder Vertragspartnern des Arbeitgebers.

> **BEISPIEL:** Es ist in der Vergangenheit öfters vorgekommen, dass Mitarbeiter in der Kantine des Unternehmens bestohlen wurden. Das Unternehmen entscheidet sich zum Schutz des Eigentums der Mitarbeiter zur Einführung der Videoüberwachung in der Kantine.

Schutzwürdige Interessen von Interessenvertretungen stehen einer Videoüberwachung in Betriebsräumen der Interessenvertretungen regelmäßig entgegen.

> **BEISPIEL:** Das Büro eines Betriebsratsmitglieds kann im Regelfall nicht per Video überwacht werden.

Hinsichtlich der Verarbeitung und Nutzung der erhobenen Daten sowie der Benachrichtigung von Betroffenen gelten die oben dargestellten Regelungen des § 6 b BDSG inhaltlich entsprechend. Der Arbeitgeber hat aus Gründen der Transparenz für die Beschäftigten die Beobachtung durch geeignete Maßnahmen wie beispielsweise deutlich sichtbare Hinweisschilder auch in nicht-öffentlichen Bereichen erkennbar zu machen, bzw. eindeutig über die Videoüberwachung zu informieren. Eine „geheime" Videoüberwachung ist also regelmäßig unzulässig.

Da bereits eine nicht funktionsfähige oder ausgeschaltete Kamera sowie eine Einrichtung, die nur wie eine Kamera aussieht, zu Verhaltensänderungen der Beschäftigten führen können, gelten die oben genannten Voraussetzungen auch für Einrichtungen, die eine Videoüberwachung lediglich simulieren oder vorspiegeln und auch für technisch inaktive Videoüberwachungsanlagen.

BEISPIELE:
- Videoüberwachung des Serverraums
- Videoüberwachung von Schließfächern, in denen Kunden Wertsachen deponieren
- Videoüberwachung von Safes und Kassenräumen, die nicht allgemein zugänglich sind
- Videoüberwachung von Geldtransportern.

c) Videoüberwachung in Rückzugsflächen

Eine Videoüberwachung von Teilen von Betriebsstätten, die überwiegend der privaten Lebensgestaltung des Beschäftigten dienen, ist unzulässig. Dies gilt insbesondere für Sanitär-, Umkleide- und Schlafräume. Der Arbeitnehmer soll in diesen Räumen vor jeglicher Überwachung durch den Arbeitgeber geschützt sein.

BEISPIELE:
- Schlafräume
- Baucontainer, die der privaten Ruhe dienen
- Ruhezimmer
- Umkleideräume
- WC
- Dusche.

Die Videoüberwachung des Arbeitnehmers in den oben genannten Rückzugsflächen ist *immer* datenschutzrechtlich unzulässig.

Auf einen Blick: Videoüberwachung

- In öffentlich zugänglichen Betriebsflächen zulässig, soweit zur Wahrnehmung des Hausrechts oder zur Wahrnehmung berechtigter Interessen für konkret festgelegte Zwecke erforderlich.
- In nicht-öffentlichen Betriebsflächen zulässig nur zur/zum
  - Zutrittskontrolle
  - Wahrnehmung des Hausrechts
  - Schutz des Eigentums
  - Sicherheit des Beschäftigten
  - Sicherung von Anlagen
  - Abwehr von Gefahren für die Sicherheit des Betriebes
  - Qualitätskontrolle.
- Immer erforderlich: Hinweis auf Videoüberwachung (z.B. durch Schild oder eindeutige Belehrung und Hinweis)
- Immer erforderlich: Einzelfallbetrachtung unter Berücksichtigung der schutzwürdigen Interessen des Arbeitnehmers
- Datenschutzrechtlich immer unzulässig: Videoüberwachung in privaten Rückzugsflächen (z.B. Umkleide)

9. Ortungssysteme

Im Zuge des technologischen Fortschritts setzen Unternehmen immer öfter GPS gestützte Ortungssysteme ein. Auch hier stellt sich regelmäßig die Frage der datenschutzrechtlichen Zulässigkeit. Die

Zulässigkeit dieser Systeme richtet sich nach § 32 BDSG: Eine Erhebung der entsprechenden Ortungsdaten muss zur Durchführung des Arbeitsverhältnisses erforderlich sein. Diese ist im Regelfall nur gegeben, soweit die Erhebung aus betrieblichen Gründen zur

- Sicherheit des Beschäftigten oder
- Koordinierung des Einsatzes des Beschäftigten

erforderlich ist und wenn keine Anhaltspunkte bestehen, dass schutzwürdige Interessen des Beschäftigten am Ausschluss der Datenerhebung, -verarbeitung oder -nutzung überwiegen.

> **BEISPIEL:** Ein Transportunternehmen möchte zur besseren Koordination der Einsatzpläne und Routen sämtliche LKWs mit einem GPS Ortungssystem ausstatten.

Die vorgenannten Ortungen sind technisch beispielsweise über Handys und in Fahrzeuge eingebaute Sender möglich. Da die Ortung und Erfassung der Fahrtstrecken für das Unternehmen erforderlich erscheint, wird eine Überwachung wie geplant datenschutzrechtlich zulässig sein.

Arbeitgebern ist die Ortung von Beschäftigten datenschutzrechtlich jedoch nur während der Arbeits- oder Bereitschaftszeiten, d.h. nicht während der Freizeit oder im Urlaub erlaubt. Falls dem Arbeitnehmer etwa die private Nutzung seines Dienstwagens gestattet wurde, darf eine Ortung über ein im Fahrzeug eingebautes Ortungssystem während der privaten Nutzung nicht erfolgen.

Eine heimliche Ortung von Beschäftigten ist ebenfalls nicht zulässig. Um die erforderliche Transparenz für die Beschäftigten herzustellen, hat der Arbeitgeber den Einsatz eines Ortungssystems durch geeignete Maßnahmen erkennbar zu machen und die Beschäftigten darüber zu informieren, wie er die Ortungsdaten nutzt. Die erhobenen Beschäftigtendaten unterliegen einer strengen Zweckbindung. Dabei ist jedoch zu berücksichtigen, dass bereichsspezifische Regelungen zum Einsatz von Ortungssystemen, wie etwa solche, die der Navigation und Kollisionsvermeidung oder der Mauterhebung dienen, den datenschutzrechtlichen Regelungen vorgehen, auch wenn sie zugleich Beschäftigtendaten betreffen.

> **BEISPIEL:** Ein Luftfahrtunternehmen setzt ein technisches Überwachungssystem ein, welches u.a. Daten in Echtzeit zu Flugstrecke und Fluglage übermittelt. Das System wird ausschließlich zum Zwecke der Flugsicherheit ausgewertet.

Nach den oben dargestellten Grundsätzen ist der Einsatz des Systems datenschutzrechtlich unproblematisch zulässig.

Der Arbeitgeber darf datenschutzrechtlich Ortungssysteme auch zum Schutz der Arbeitsmittel und der sonstigen beweglichen Sachen, die sich in der Obhut des Beschäftigten befinden (z. B. der Fracht), einsetzen. Da in diesem Falle vorrangig Sachwerte geschützt werden sollen, ist es nicht erforderlich, dass die eingangs genannten betrieblichen Gründe vorliegen. Allerdings darf keine personenbezogene Ortung erfolgen, während der Beschäftigte die Sache ordnungsgemäß nutzt oder sie sich in seiner Obhut befindet. Ein typischer Anwendungsbereich ist insoweit der Diebstahlsschutz von Baumaschinen oder Lastkraftwagen.

> **BEISPIELE:**
> - Ein Speditionsunternehmen überwacht per GPS die Streckenführung und Streckenplanung der Flotte.
> - Ein Unternehmen überwacht die Position hochwertiger Baumaschinen per GPS, um sie vor Diebstahl zu schützen.

Auf einen Blick: Ortungssysteme

- Ortungssysteme sind nur zulässig zur Sicherheit der Beschäftigten oder zur Koordinierung des Einsatzes der Beschäftigten.
- Darüber hinaus: Zulässig zur Überwachung von Eigentum (z.B. Baumaschinen).

10. Biometrische Verfahren

Zunehmend werden zur eindeutigen Identifikation von Mitarbeitern auch biometrische Verfahren eingesetzt. Hierunter versteht man den Einsatz von biometrischen Daten, also ihren Verhaltens- und biologischen Charakteristika, wie z.B.

- Fingerabdruck,
- Handgeometrie,
- Iris (Regenbogenhaut des Auges),
- Retina (Netzhaut),
- Gesichtsgeometrie oder
- Stimmmerkmale.

Datenschutzrechtlich ist eine Erhebung, Verarbeitung oder Nutzung dieser Daten durch den Arbeitnehmer nur aus betrieblichen Gründen zu Autorisierungs- und Authentifikationszwecken zulässig. Auch hier gilt mangels einer Spezialvorschrift § 32 BDSG. Autorisierung bedeutet zum Beispiel in der Informationstechnologie die Zuweisung und Überprüfung von Zugriffsrechten auf Daten und Dienste an den Nutzer des Systems. Häufig erfolgt eine Autorisierung nach einer erfolgreichen Authentifizierung. Die Authentifizierung ist der Nachweis einer bestimmten Eigenschaft, etwa ein bestimmter Beschäftigter zu sein. Durch die Authentifizierung wird die Identität einer Person festgestellt. Eine Zweckänderung erhobener biometrischer Daten ist nur im Hinblick auf Lichtbilder und auch dann nur mit Einwilligung des Beschäftigten zulässig.

Biometrische Daten dürfen also zu keinem anderen Zweck eingesetzt werden als zu Autorisierungs- und Authentifikationszwecken.

> **BEISPIEL:** Ein Unternehmen setzt für die Authentifizierung der Clients keine Passwörter, sondern ein Scanning des Fingerabdrucks ein.

> **Auf einen Blick: Biometrische Verfahren**
>
> - Nur zulässig zu Autorisierungs- und Authentifikationszwecken (z.B. Türöffner).
> - Darüber hinaus besteht ein datenschutzrechtliches Verbot der Verwertung.

11. Datenerhebung bei Straftaten und Pflichtverletzungen

In der Praxis besteht oft ein großes Interesse des Arbeitgebers, einzelne Mitarbeiter gezielt zu überwachen, wenn der Verdacht einer Straftat oder einer schwerwiegenden Pflichtverletzung vermutet wird. Hier stellt sich datenschutzrechtlich stets die Frage, ob und inwieweit bei einem solchen Verdacht die Überwachung des Mitarbeiters aus datenschutzrechtlicher Sicht zulässig ist.

AUSGANGSFALL: Der Leiter einer Schnellimbisskette stellt fest, dass der durchschnittliche Umsatz, den ein Mitarbeiter an der Kasse erzielt, nachhaltig und dauerhaft ca. 20% unterhalb des Umsatzes liegt, den vergleichbare Kollegen erzielen. Er hat den Verdacht, dass hier etwas nicht stimmt und möchte den betreffenden Mitarbeiter gezielt überwachen.

a) Grundsatz: Erhebung von Daten nur mit Kenntnis

Auch bei (vermuteten) Pflichtverletzungen des Mitarbeiters besteht zunächst der datenschutzrechtliche Grundsatz, dass der Arbeitgeber Mitarbeiterdaten nur mit Kenntnis des Mitarbeiters erheben darf. Ohne Kenntnis des Beschäftigten darf der Arbeitgeber somit nur in den nachfolgend dargestellten besonders geregelten Fällen personenbezogene Daten des Beschäftigten erheben. Im Bereich der Verfolgung von Straftaten existiert jedoch mit § 32 Abs. 1 S. 2 BDSG eine wichtige Spezialregelung:

> **§ 32 Abs. 1 S. 2 BDSG „Datenerhebung, -verarbeitung und -nutzung für Zwecke des Beschäftigungsverhältnisses"**
>
> Zur Aufdeckung von Straftaten dürfen personenbezogene Daten eines Beschäftigten nur dann erhoben, verarbeitet oder genutzt werden, wenn zu dokumentierende tatsächliche Anhaltspunkte den Verdacht begründen, dass der Betroffene im Beschäftigungsverhältnis eine Straftat begangen hat, die Erhebung, Verarbeitung oder Nutzung zur Aufdeckung erforderlich ist und das schutzwürdige Interesse des Beschäftigten an dem Ausschluss der Erhebung, Verarbeitung oder Nutzung nicht überwiegt, insbesondere Art und Ausmaß im Hinblick auf den Anlass nicht unverhältnismäßig sind.

b) Vorraussetzungen der Datenerhebung

Zur Aufdeckung von Straftaten und anderen schwerwiegenden Pflichtverletzungen im Beschäftigungsverhältnis darf der Arbeitgeber im Ausnahmefall ohne Kenntnis des Beschäftigten personenbezogene Daten erheben, sofern keine spezielleren Regelungen bestehen (z.B. zur Videoüberwachung).

Unter schwerwiegenden Pflichtverletzungen sind solche zu verstehen, die den Arbeitgeber bei einem Arbeitnehmer zu einer Kündigung aus wichtigem Grund nach § 626 BGB berechtigen würden. Darunter kann auch z. B. die Begehung einer Ordnungswidrigkeit im Beschäftigungsverhältnis fallen, wenn sie von entsprechender Erheblichkeit ist.

BEISPIELE:
- Diebstahl am Arbeitsplatz
- Unterschlagung am Arbeitsplatz
- Betrug am Arbeitsplatz

Für eine ausnahmsweise zulässige Datenerhebung ohne Kenntnis des Beschäftigten ist es darüber hinaus erforderlich, dass *Tatsachen* vorliegen, die einen Verdacht gegen einen oder mehrere Beschäftigte begründen. Das bedeutet: Ein bloßer Verdacht oder eine Mutmaßung des Arbeitgebers reicht für die Durchführung von Überwachungsmaßnahmen und damit verbundene Datenerhebungen nicht aus.

Dieser Verdacht muss sich aber nicht auf einen bestimmten Beschäftigten beziehen, sondern es ist ausreichend, wenn er sich gegen eine Gruppe von Beschäftigten richtet. In diesem Fall ist jeder, der zu der Gruppe gehört, betroffen.

Erste Variante zum AUSGANGSFALL: Für den eingangs gebildeten Beispielsfall würde es also ausreichen, wenn eine Gruppe von Kassenkräften, die z.B. zu einer bestimmten Schichtzeit tätig ist, unter Verdacht der Unregelmäßigkeiten bei der Abrechnung steht. Es ist also nicht erforderlich, dass lediglich ein bestimmter Mitarbeiter verdächtigt wird. Gleichwohl muss der Verdacht aber auch hier als Tatsache nachweisbar sein. Eine Vermutung ist nicht ausreichend.

Darüber hinaus sind die den Verdacht begründenden Tatsachen vor Beginn der Datenerhebung und die näheren Umstände der Datenerhebung unverzüglich danach schriftlich festzuhalten. Wenn eine automatisierte Verarbeitung der Daten erfolgen soll, unterliegt diese der vorherigen Kontrolle des betrieblichen Datenschutzbeauftragten.

Für den Arbeitgeber bedeutet das: Bevor eine Überwachung nach der Ausnahmevorschrift des § 32 Abs. 1 S. 2 BSG erfolgt, sind die oben dargestellten Voraussetzungen schriftlich zu dokumentieren.

c) Zweckgebundenheit/Verhältnismäßigkeit

Auch bei ausreichenden Verdachtsmomenten muss die Datenerhebung zweckgebunden und gleichzeitig verhältnismäßig sein: Die Erhebung der Daten muss zur Aufdeckung der Straftaten oder anderen schwerwiegenden Pflichtverletzungen, auf die sich der Verdacht bezieht oder zur Verhinderung weiterer, damit im Zusammenhang stehenden Straftaten oder schwerwiegenden Pflichtverletzungen des Beschäftigten erforderlich sein. Eine darüber hinausgehende Datenvorratsspeicherung ohne Zweckgebundenheit (z.B. im privaten Bereich) ist daher auch bei schwerwiegenden Pflichtverstößen und Straftaten im Arbeitsverhältnis nicht zulässig.

> **BEISPIEL:** Es wäre im Ausgangsfall datenschutzrechtlich immer unzulässig, den in Verdacht stehenden Mitarbeiter auch im Privatbereich durch einen Detektiv überwachen zu lassen.

Zur Verhinderung von weiteren Straftaten kann die Datenerhebung z.B. erforderlich sein, um systematische Strukturen, auf deren Grundlage breit angelegte Korruption betrieben bzw. abgewickelt wird (etwa ein Geflecht von Gesellschaften, über die versteckte Zahlungen erfolgen), aufzubrechen und damit diesen Weg für weitere Taten zu versperren.

Die Datenerhebung ist verhältnismäßig, wenn die Erforschung des Sachverhalts auf andere Weise weniger erfolgversprechend oder erschwert wäre. Ist jedoch erkennbar, dass der verfolgte Zweck nicht erreicht werden kann, so ist die Datenerhebung unverzüglich zu beenden. Falls der Zweck vorübergehend nicht erreicht werden kann, muss die Datenerhebung unterbrochen werden. Auch in zeitlicher Hinsicht darf die Datenerhebung das unbedingt nötige Maß nicht überschreiten.

Aufgrund der oben dargestellten Grundsätze der Zweckbindung und Verhältnismäßigkeit hat der Arbeitgeber den Beschäftigten über eine ohne dessen Kenntnis erfolgte Datenerhebung sowie über eine Verarbeitung und Nutzung dieser Daten zu unterrichten, sobald die Unterrichtung den Zweck (z.B. Aufdeckung einer Straftat) nicht mehr gefährdet.

Eine Löschung der ohne Kenntnis des Beschäftigten erhobenen Daten ist davon abhängig, ob sie zur Erreichung des Zwecks noch erforderlich ist und ob schutzwürdige Interessen der Beschäftigten einer weiteren Speicherung entgegenstehen. Denn zum Zweck der Speicherung kann im Einzelfall auch eine spätere arbeitsgerichtliche Auseinandersetzung zählen, weswegen in der Praxis eine unverzügliche Löschung meist nicht möglich ist.

Daten, die den Kernbereich der privaten Lebensgestaltung der Mitarbeiter betreffen, dürfen datenschutzrechtlich vom Arbeitgeber nie erhoben werden. Es handelt sich insoweit immer um eine unverhältnismäßige und damit unzulässige Datenerhebung. Hierunter würde beispielsweise eine Überwachung des Privatlebens oder des geschützten häuslichen Privatbereichs fallen.

Zweite Variante zum AUSGANGSFALL: Für den eingangs gebildeten Beispielsfall wäre eine geeignete und datenschutzrechtlich zulässige Maßnahme beispielsweise, das Verhalten der betroffenen Kassenkräfte durch einen eingewiesenen Mitarbeiter oder Dritten (Privatdetektiv während der Arbeitszeit) kontrollieren zu lassen. Dies ist nur zum Zwecke der Aufklärung der Differenz beim Kassenbestand (Zweckbindung) zulässig. Weiterhin darf eine derartige Überwachung nur während der üblichen Arbeitszeiten und keinesfalls im privaten Lebensbereich erfolgen (Verhältnismäßigkeit).

d) Zeitliche und technische Einschränkungen

Unabhängig von den oben dargestellten Voraussetzungen unterliegt die verdeckte Erhebung von Mitarbeiterdaten erheblichen zeitlichen und technischen Einschränkungen, welche sich aus der Anwendungspraxis der Datenschutzbehörden ergeben.

Die Erhebung von Beschäftigtendaten ist datenschutzrechtlich unzulässig, wenn sie mit Hilfe

- einer planmäßig angelegten Beobachtung, die länger als 24 Stunden ohne Unterbrechung oder an mehr als vier Tagen stattfinden soll,

- technischer Mittel zum Abhören oder Aufzeichnen des nicht öffentlich gesprochenen Wortes oder sonstiger besonderer technischer Mittel, die für Beobachtungszwecke bestimmt sind

erfolgt.

Dritte Variante zum AUSGANGSFALL: Für den eingangs gebildeten Beispielsfall wäre es also datenschutzrechtlich unzulässig, wenn der Arbeitgeber die folgenden Maßnahmen durchführen würde:
- verdeckte Videoüberwachung
- Einsatz von technischen Überwachungstools (z.B. Keyloggern o.ä.)
- Überwachung länger als 24 Stunden
- Überwachung an mehr als vier Tagen.

Auf einen Blick: Datenerhebung bei Straftaten und Pflichtverletzungen

- Zur Aufdeckung von Straftaten und anderen schwerwiegenden Pflichtverletzungen im Beschäftigungsverhältnis im Ausnahmefall zulässig.
- Maßnahmen müssen zweckgebunden und verhältnismäßig sein.
- Unzulässig, wenn Datenerhebung mit Hilfe
  - einer planmäßig angelegten Beobachtung, die länger als 24 Stunden ohne Unterbrechung oder an mehr als vier Tagen stattfinden soll,
  - technischer Mittel zum Abhören oder Aufzeichnen des nicht öffentlich gesprochenen Wortes oder sonstiger besonderer technischer Mittel, die für Beobachtungszwecke bestimmt sind.

  erfolgt.
- Verdeckte Videoüberwachung ist im Regelfall datenschutzrechtlich unzulässig.

---

12. Datenschutzrechtliche Haftung und Strafbarkeit

Arbeitgeber und Arbeitnehmer, die:

- gegen Entgelt, in Bereicherungs- oder Schädigungsabsicht unbefugt vorsätzlich Daten im Rahmen automatisierter Abrufverfahren erheben und verarbeiten,

- Daten aus Dateien beschaffen, übermittelte Daten weiter übermitteln,

- Daten reanonymisieren oder Daten arglistig erschleichen,

können sich nach § 44 BDSG i.V.m. § 43 Abs. 2 BDSG strafbar machen.

Daneben kommt aber auch unabhängig von den datenschutzrechtlichen Spezialvorschriften eine Strafbarkeit in Betracht wegen:

- Ausspähens von Daten (§ 202 a StGB),

- Verletzung von Privatgeheimnissen (§ 203 StGB),

- Computerbetrug (§ 263 a StGB),

- Untreue (§ 266 StGB),

- Fälschung beweiserheblicher Daten (§ 269 StGB),

- Täuschung im Rechtsverkehr bei Datenverarbeitung (§ 270 StGB),

- Datenveränderung (§ 303 a StGB)

- oder Computersabotage (§ 303 b StGB).

Arbeitnehmer, die gegen datenschutzrechtliche Vorschriften verstoßen, können unter Umständen sowohl gegenüber dem Arbeitgeber als auch gegenüber dem Betroffenen haften: So kann der Arbeitgeber einen Schaden erlitten haben, etwa weil er durch den Datenschutzverstoß Kunden verloren hat oder selbst gegenüber dem Betroffenen für einen Datenschutzverstoß des Arbeitnehmers einstehen muss.

> **BEISPIEL:** Ein Mitarbeiter entwendet bei seinem Arbeitgeber 1 Millionen Kundendaten und gründet damit ein eigenes Unternehmen. Er verwendet die vorgenannten Kundendaten, um ein eigenes Unternehmen zu gründen und bewirbt die Kunden mit diesen Daten selbst, ohne eine entsprechende Einwilligung zu besitzen.

Die Entwendung und Verwendung der Kundendaten in diesem Beispiel kann sowohl zu einem Schadenersatzanspruch des (ehemaligen) Arbeitgebers, als auch der datenschutzwidrig beworbenen Kunden führen.

Der Arbeitnehmer kann gegenüber den Betroffenen wegen der Verletzung des Persönlichkeitsrechts bzw. Rechts auf informationelle Selbstbestimmung Schadensersatz schulden; hat der Arbeitnehmer wegen Weitergabe von Daten beispielsweise an Versicherungen einen Vermögensvorteil erzielt, so kann er aus dem Aspekt der ungerechtfertigten Bereicherung in Anspruch genommen werden.

Soweit die Haftung des Arbeitnehmers im Raum steht, gelten die arbeitsrechtlichen Privilegierungen des Arbeitnehmers im Datenschutzrecht entsprechend. Der Arbeitnehmer haftet deshalb:

- bei Vorsatz oder grober Fahrlässigkeit voll,

- bei normaler Fahrlässigkeit findet eine Haftungsquotelung statt und

- bei einfacher Fahrlässigkeit haftet der Arbeitgeber allein (beziehungsweise besteht ein entsprechender Freistellungsanspruch, wenn der betroffene Arbeitnehmer unmittelbar den Arbeitnehmer in Anspruch nimmt und sich nicht sofort an den Arbeitgeber wendet).

> ### Auf einen Blick: Datenschutzrechtliche Haftung und Strafbarkeit
>
> - Es bestehen zahlreiche Vorschriften, die zu einer Ordnungswidrigkeit und Strafbarkeit bei datenschutzrechtlichen Verstößen im Arbeitsverhältnis führen können.
> - Dies betrifft sowohl die Arbeitnehmer, als auch die Arbeitgeberseite.

13. Anonymisierter Abgleich von Daten

In der jüngeren Vergangenheit haben mehrere in Datenschutzskandale verwickelte Unternehmen in großem Stile Mitarbeiterdaten automatisiert mit anderen Datenbeständen abgeglichen (z.B. mit Daten von Zulieferern).

> **BEISPIEL:** Die Geschäftsführung eines Unternehmens hat den Verdacht, dass verschiedene Mitarbeiter des Einkaufs bei „befreundeten" Unternehmen über dem Marktwert einkaufen. Es soll ein Abgleich zwischen den Kontodaten der Zulieferer und den Kontodaten der Mitarbeiter erfolgen.

Die Zulässigkeit eines solchen Datenabgleichs richtet sich erneut nach § 32 BDSG und somit der nach der Frage, ob ein Abgleich der Daten für das konkrete Arbeitsverhältnis erforderlich ist. Dies ist nur dann zulässig, wenn die nachfolgenden Voraussetzungen erfüllt sind.

a) Straftaten und Pflichtverletzungen

Ein automatisierter Abgleich ist nur zulässig zur Aufdeckung von Straftaten oder anderen schwerwiegenden Pflichtverletzungen durch den Beschäftigten im Beschäftigungsverhältnis. Eine schwerwiegende Pflichtverletzung kann auch z. B. die Begehung einer Ordnungswidrigkeit im Beschäftigungsverhältnis sein, wenn diese von entsprechender Erheblichkeit ist.

> **BEISPIELE für derartige Straftaten sind:**
> - § 266 StGB, Untreue
> - § 299 StGB, Bestechlichkeit und Bestechung im geschäftlichen Verkehr
> - § 331 StGB, Vorteilsannahme
> - § 332 StGB, Bestechlichkeit
>   § 333 StGB, Vorteilsgewährung
> - § 334 StGB, Besonders schwere Fälle der Bestechlichkeit und Bestechung.

Die oben genannten Beispiele sollen sicherstellen, dass datenschutzrechtlich eine Grundlage für die Korruptionsbekämpfung und die Durchsetzung von Compliance-Anforderungen unter Berücksichtigung der datenschutzrechtlichen Interessen der Mitarbeiter möglich sein soll.

Compliance bedeutet in diesem Zusammenhang die Einhaltung aller relevanten Gesetze, Verordnungen, Richtlinien und Selbstverpflichtungen durch ein Unternehmen als Ganzes. Entsprechende Anforderungen ergeben sich z.B. für die Kreditwirtschaft unter anderem aus dem Kreditwesengesetz und dem Geldwäschegesetz. Der Datenabgleich ist nicht zur Aufdeckung jeder, sondern nur einer schwerwiegenden Pflichtverletzung, die in ihrer Gewichtigkeit den Regelbeispielen nahe kommt, gerechtfertigt. Dieser Maßstab gilt auch für die Straftaten. Diese müssen zudem, wie die Pflichtverletzung, im Zusammenhang mit dem Arbeitsverhältnis begangen worden sein.

Wie bei der Erhebung von Daten aufgrund von Straftaten hat der Arbeitgeber auch bei der anonymisierten oder pseudonymisierten

Nutzung die näheren Umstände, die ihn zu einem Abgleich mit anderen Daten veranlassen, zu dokumentieren. Die Beschäftigten sind über Inhalt, Umfang und Zweck des automatisierten Abgleichs zu unterrichten, sobald der Zweck durch die Unterrichtung nicht mehr gefährdet wird.

Darüber hinaus dürfen die Mitarbeiterdaten nicht in einer Weise verarbeitet oder so genutzt werden, dass sie durch die automatisierte Zusammenführung einzelner Lebens- und Personaldaten ein Gesamtbild der wesentlichen geistigen und charakterlichen Eigenschaften oder des Gesundheitszustandes des Beschäftigten ergeben (Dokumentations- und Unterrichtungspflicht).

b) Anonymisierte oder pseudonymisierte Nutzung

Im Sinne des Grundsatzes der Datenvermeidung und Datensparsamkeit dürfen die Beschäftigtendaten darüber hinaus nur in anonymisierter oder pseudonymisierter Form für den Abgleich genutzt werden. Erst wenn sich aus dem Abgleich ein Verdacht ergibt, dürfen die hiervon betroffenen Daten personalisiert werden. Dem Transparenzgebot wird durch die Dokumentations- und Unterrichtungspflicht des Arbeitgebers Rechnung getragen.

Im oben dargestellten Beispielsfall wäre ein systematischer Abgleich der Kontodaten also nur in anonymisierter Form zulässig. Zusätzlich besteht eine Unterrichtungspflicht der betroffenen Mitarbeiter.

BEISPIEL: Der Unternehmensleitung einer Bank liegt eine schriftliche eidesstattliche Versicherung eines Mitarbeiters vor, die besagt, dass mehrere Berater in große Umfang Minibeträge von Kundenkonten abbuchen und über Scheinkonten auf ihre Privatkonten buchen.
In diesem Fall wäre es nach vorheriger Dokumentation des automatisierten Datenabgleichs zulässig, die Kontobewegungen automatisiert und anonymisiert abzugleichen. Falls sich der Inhalt der Beschuldigung bestätigt, dürfen die Daten personalisiert werden. Die Betroffenen Berater sind nach Abschluss des Datenabgleichs in jedem Falle über Umfang und Zweck des Datenabgleichs zu unterrichten.

> **Auf einen Blick: Anonymisierter Datenabgleich**
>
> - Ein automatisierter Abgleich ist nur zulässig zur Aufdeckung von Straftaten oder anderer schwerwiegender Pflichtverletzungen durch den Beschäftigten im Beschäftigungsverhältnis.
> - Der Datenabgleich darf nur in anonymisierter oder pseudonymisierter Form erfolgen.
> - Erst wenn sich aus dem Abgleich ein Verdacht ergibt, dürfen die hiervon betroffenen Daten personalisiert werden.

14. Unterrichtungspflicht bei Datenpannen sowie Beschwerderecht

In den vergangenen Jahren wurden Datenschutzskandale zum Teil auch dadurch in der Öffentlichkeit bekannt, weil Unternehmen mit Mitarbeiterdaten sehr nachlässig umgegangen sind.

BEISPIEL: Ein Unternehmen entsorgt Personal- und Krankenakten ungeschützt in regulären Müllcontainern. Die Akten werden vor der Entsorgung gefunden und an die Presse weitergeleitet.

Um die Interessen des betroffenen Datensubjekts zu wahren, hat der Gesetzgeber den so genannten „Datenschutzpranger" eingeführt: Bei Datenpannen besteht demnach eine Verpflichtung des Unternehmens, den Betroffenen - ggf. den Mitarbeiter - hierüber zu informieren. Drohen schwerwiegende Beeinträchtigungen, ist darüber hinaus auch die Aufsichtsbehörde zu unterrichten.

Wichtig für die Praxis ist aber, dass dieses Informationsrecht nur dann besteht, wenn es sich um die nachfolgenden Typen von Daten handelt:

- besondere Arten personenbezogener Daten nach § 3 Absatz 9 BDSG, d.h. Angaben über die rassische und ethnische Herkunft, politische Meinungen, religiöse oder philosophische Überzeugungen, Gewerkschaftszugehörigkeit, Gesundheit oder Sexualleben

- personenbezogene Daten, die einem Berufsgeheimnis unterliegen,

- personenbezogene Daten, die sich auf strafbare Handlungen oder Ordnungswidrigkeiten oder den Verdacht strafbarer Handlungen oder Ordnungswidrigkeiten beziehen, oder

- personenbezogene Daten zu Bank- oder Kreditkartenkonten.

Dem Arbeitnehmer steht aber auch selbst ein hiervon unabhängiges Beschwerderecht zu, wenn dieser auf Grund tatsächlicher Anhaltspunkte den Verdacht hat, dass der Arbeitgeber Mitarbeiterdaten unbefugt erhebt, verarbeitet oder nutzt. In einem solchen Fall hat sich der Beschäftigte aber zunächst an den Arbeitgeber selbst zu wenden. Hilft der Arbeitgeber der Beschwerde nicht unverzüglich ab, kann sich der Beschäftigte an die Datenschutzbehörde wenden. Durch die Ausübung des Beschwerderechts dürfen dem Beschäftigten aufgrund des arbeitsrechtlichen Maßregelungsverbots keine arbeitsrechtlichen Nachteile entstehen:

§ 612 a BGB „Maßregelungsverbot"

Der Arbeitgeber darf einen Arbeitnehmer bei einer Vereinbarung oder einer Maßnahme nicht benachteiligen, weil der Arbeitnehmer in zulässiger Weise seine Rechte ausübt.

Im Ausgangsbeispiel müsste sich das Unternehmen also selbst „an den Pranger" stellen und sowohl die Betroffenen, als auch die Datenschutzbehörde darüber informieren, dass hinsichtlich der Krankenakte eine Datenpanne eingetreten ist.

Auf einen Blick: Datenpannen und Beschwerderecht

- Der Arbeitgeber ist verpflichtet, den Arbeitnehmer über Datenpannen zu informieren.
- Der Arbeitnehmer hat das Recht, sich (nach internen Vorbringen) jederzeit an die Datenschutzbehörde wenden, ohne dass ihm hierdurch arbeitsrechtliche Nachteile entstehen dürfen.

15. Mitarbeiterschulungen

Schulungen von Mitarbeitern im Datenschutz sind im BDSG bei den Pflichten des Datenschutzbeauftragten geregelt und vom Datenschutzbeauftragten regelmäßig durchzuführen, § 4 g BDSG. Dies bedeutet im Gegenschluss, dass für kleinere Unternehmen, die keinen Datenschutzbeauftragten bestellt haben, eine explizite Schulung im Datenschutz nicht zwingend gesetzlich erforderlich ist.

Die inhaltliche Ausgestaltung der Schulung steht dem Datenschutzbeauftragten frei.

BEISPIELE:
- Präsenzschulungen
- Computer Based Trainings (CBT)
- Webinare

Die Schulung muss während der Arbeitszeit erfolgen. Nach den gesetzlichen Vorgaben muss jeder Mitarbeiter geschult werden, der an der Verarbeitung personenbezogener Daten beteiligt ist. In der Praxis ist die meist jeder Bildschirmarbeitsplatz. Eine bestimmte Frist zur Auffrischung oder Wiederholung der Schulung sieht das Gesetz nicht vor. Eine Entscheidung hierüber obliegt dem alleinigen Ermessen des Datenschutzbeauftragten im Einzelfall. Regelmäßige Auffrischungen und Wiederholungen (z.B. jährlich) empfehlen sich bei datenschutzrechtlich besonderes relevanten Bereichen und Branchen (z.B. Adressbrokern) oder auch bei Änderungen der gesetzlichen Grundlagen, beispielsweise Datenschutznovellen oder für das Unternehmen relevanten neuen Spezialgesetze.

Auf einen Blick: Mitarbeiterschulungen

- Sofern ein Datenschutzbeauftragter bestellt ist, hat dieser die Mitarbeiter im Datenschutz zu schulen.
- Unternehmen ohne Datenschutzbeauftragten trifft keine unmittelbare Schulungsverpflichtung.
- Art, Umfang und Frequenz der Schulungen obliegen dem Ermessen des Datenschutzbeauftragten.

16. Der Datenschutzbeauftragte

a) Pflicht zur Bestellung

Bei automatisierter Verarbeitung personenbezogener Daten hat das Unternehmen einen Datenschutzbeauftragten zu bestellen, wenn mehr als neun Arbeitnehmer mit der Erhebung, Verarbeitung oder Nutzung personenbezogener Daten beschäftigt sind (§ 4 f Abs. 1 S. 1, 2, 4 BDSG), bei nicht automatisierter Verarbeitung, wenn mindestens zwanzig Personen damit beschäftigt sind (§ 4 f Abs. 1 S. 3 BDSG). Unabhängig von der Anzahl der mit der automatisierten Verarbeitung personenbezogener Daten beschäftigten Arbeitnehmer ist zum Beispiel bei automatisierter Verarbeitung sensitiver Daten immer ein Datenschutzbeauftragter zu bestellen (§ 4 f Abs. 1 S. 6 BDSG).

Da in der Personalabteilung wegen der Gehaltsabrechnung regelmäßig auch sensitive Daten wie die Religionszugehörigkeit oder die Gewerkschaftszugehörigkeit verarbeitet werden, wird es nur selten ein Unternehmen geben, das nicht einen Datenschutzbeauftragten bestellen muss.

Ein Verstoß gegen diese Vorschrift stellt nach § 43 BDSG eine Ordnungswidrigkeit dar und kann mit einem Ordnungsgeld von 50.000 EUR sanktioniert werden. Trotzdem zeigt die Praxis, dass viele Unternehmen keinen Datenschutzbeauftragten bestellt haben, obwohl hierzu eine Verpflichtung besteht.

Verpflichtung zur Bestellung eines Datenschutzbeauftragten	
Länder	Datenschutzbeauftragter erforderlich
Automatisierte Verarbeitung von personenbezogenen Daten	Bei Unternehmen ab zehn Mitarbeitern, die mit der Datenverarbeitung regelmäßig beschäftigt sind
Keine automatisierte Verarbeitung von personenbezogenen Daten	Bei Unternehmen mit mindestens 20 Mitarbeitern, die mit der Datenverarbeitung regelmäßig beschäftigt sind
Unternehmen unterliegt einer Vorabkontrolle	Immer erforderlich

Verpflichtung zur Bestellung eines Datenschutzbeauftragten	
Unternehmen verarbeitet personenbezogene Daten geschäftsmäßig zum Zweck der Übermittlung, der anonymisierten Übermittlung oder für Zwecke der Markt- oder Meinungsforschung	Immer erforderlich

Ein Datenschutzbeauftragter kann zwar für den Gesamtkonzern als sog. Konzerndatenschutzbeauftragter bestellt werden, dies entbindet jedoch das Unternehmen aus rechtlicher Sicht nicht davon, für jedes einzelne selbständige Unternehmen einen Datenschutzbeauftragten zu bestellen. Das kann aber in Personalunion auch der Konzerndatenschutzbeauftragte sein.

> **BEISPIEL:** Ein Großkonzern in der Automobilbranche bestellt einen Konzerndatenschutzbeauftragten. Der Konzerndatenschutzbeauftragte muss auch für jedes einzelne Unternehmen einzeln bestellt werden.

b) Fachkunde und Zuverlässigkeit

Nach § 4 f Abs. 2 BDSG muss der Datenschutzbeauftragte zur Erfüllung seiner Aufgaben die erforderliche Fachkunde und Zuverlässigkeit besitzen.

Nach ständiger Rechtsprechung zum BDSG erfordert diese Fachkunde und Zuverlässigkeit im Einzelnen:

Fachkunde und Zuverlässigkeit des Datenschutzbeauftragten:

- Allgemeine Kenntnisse über das Unternehmen, insbesondere Organisation, Unternehmensgegenstand und -ziel und Geschäftsabläufe (Datenströme).
- Kenntnisse über die Datenverarbeitung, insbesondere Datenverarbeitungsanlagen und -programme, sofern das Unternehmen selbst Datenverarbeitungsanlagen einsetzt, da der Datenschutzbeauftragte nach § 4 g Abs. 1 Satz 2 Nr. 1 die ordnungsgemäße Anwendung der Programme zu überwachen hat, allerdings nur soweit mit deren Hilfe personenbezogene Daten verarbeitet werden sollen.

- Juristische Kenntnisse, da er im Rahmen des § 4g Abs. 1 Satz 2 Nr. 2 Mitarbeiter mit dort näher bezeichneten Gesetzesvorschriften über Datenschutz vertraut machen muss. Außerdem hat er generell die Ausführung des BDSG sowie anderer Datenschutzvorschriften zu überwachen (§ 4g Abs. 1 Satz 1). Er muss also – zumindest in Grundzügen – beurteilen können, ob z. B. eine Speicherung, Übermittlung etc. rechtlich zulässig ist oder wann z. B. eine Auskunftspflicht besteht oder nicht besteht.
- Didaktische Fähigkeiten, da er die Mitarbeiter mit den Datenschutzvorschriften vertraut machen muss.

Die Bestellung des Datenschutzbeauftragten muss schriftlich erfolgen. Eine Anzeige zur Behörde ist nicht erforderlich.

Datenschutzrechtliche Zuverlässigkeit setzt voraus, dass der Arbeitnehmer keiner Interessenkollision ausgesetzt ist. Eine Interessenkollision wird beispielsweise bei dem Personal- oder EDV-Leiter, zum Teil auch bei Betriebsratsmitgliedern angenommen, so dass von deren Bestellung abgesehen werden sollte. Ist der Datenschutzbeauftragte im Sinne des BDSG nicht zuverlässig, kann die Aufsichtsbehörde seine Abberufung fordern.

Der Unternehmer selbst beziehungsweise die Organe des Unternehmens scheiden im Übrigen von vornherein als Datenschutzbeauftragte aus, das sie sich ansonsten selbst kontrollieren würden.

BEISPIEL: Ein Unternehmen kann weder den Geschäftsführer, noch den Personal- oder EDV-Leiter als Datenschutzbeauftragten bestellen.

c) Datenschutzbeauftragter und Betriebsrat

Grundsätzlich besteht kein Mitbestimmungsrecht des Betriebsrats hinsichtlich der Bestellung des Datenschutzbeauftragten. Allerdings ist die Beteiligung des Betriebsrates dennoch zu prüfen, wenn ein leitender Angestellter zum Datenschutzbeauftragten bestellt werden soll oder die Bestellung zum Datenschutzbeauftragten die Einstellung oder Versetzung eines Arbeitnehmers mit sich bringt. Bei der

Bestellung eines leitenden Angestellten zum Datenschutzbeauftragten ist der Betriebsrat hierüber zu informieren.

Der Betriebsrat hat auch bei der eigentlichen Tätigkeit keine Einflussmöglichkeit auf den Datenschutzbeauftragten. Dieser ist allein dem Unternehmer gegenüber berichtspflichtig. Hat der Betriebsrat Fragen hinsichtlich des Datenschutzes, hat er diese an den Arbeitgeber zu richten. Allerdings kann der Arbeitgeber dem Datenschutzbeauftragten Kontroll- und Berichtspflichten auch gegenüber dem Betriebsrat übertragen, wenn er dies freiwillig so wünscht.

> **BEISPIEL:** Aus Transparenzgründen entscheidet sich ein Unternehmen dazu, den jährlichen Bericht des Datenschutzbeauftragten auch automatisch dem Betriebsrat zuzuleiten. Eine solche Information ist freiwillig jederzeit möglich, aber gesetzlich nicht erforderlich.

Auch kann der Datenschutzbeauftragte als interner Sachverständiger angesehen werden, den der Betriebsrat zu befragen hat, bevor nach § 80 Abs. 3 BetrVG externe Sachverständige herangezogen werden.

d) Bestellung des Datenschutzbeauftragten

Gemäß § 4 f Abs. 1 S. 1 BDSG ist der Datenschutzbeauftragte schriftlich zu bestellen, wobei dies Wirksamkeitsvoraussetzung für die ordnungsgemäße Bestellung ist.

Falls ein interner Arbeitnehmer als Datenschutzbeauftragter bestimmt wird, muss dieser mit der Übertragung dieser Aufgabe einverstanden sein. Nur wenn der Arbeitnehmer die Bestellung annimmt, wird sie wirksam.

Soweit der Arbeitsvertrag das Aufgabengebiet des Arbeitnehmers demgegenüber nicht genau eingrenzt, sondern auch die Zuweisung anderer, den Kenntnissen und Fähigkeiten entsprechender zumutbarer Tätigkeiten vorbehält, kann der Arbeitgeber einem Arbeitnehmer die Tätigkeit als Datenschutzbeauftragter kraft seines sogenannten Direktionsrechts zuweisen.

In jedem Fall ist es empfehlenswert, den Arbeitnehmer die Bestellungsurkunde gegenzeichnen zu lassen.

Der Inhalt des Bestellungsschreibens ist nicht gesetzlich geregelt. Es empfiehlt sich aber, die Aufgaben gemäß § 4 g BDSG allgemein festzulegen, die Stellung des Datenschutzbeauftragten im Unternehmen zu fixieren (§ 4 f Abs. 3 BDSG) und die Pflicht der Unternehmensleitung zur Unterstützung festzuhalten (§ 4 f Abs. 5 BDSG). Zur Klarstellung sollte im Bestellungsschreiben darauf hingewiesen werden, dass es für die Funktion des Datenschutzbeauftragten keine separate Vergütung gibt, falls dies tatsächlich der Fall sein sollte. Bei nebenamtlichen Datenschutzbeauftragten sollte festgelegt werden, dass die Bestellung mit der Beendigung des Arbeitsverhältnisses oder dessen Ruhen ebenfalls erlischt.

Muster einer Bestellung zum/zur Datenschutzbeauftragten:

Hiermit wird gemäß § 4 f des Bundesdatenschutzgesetzes (BDSG)
Herr/Frau ....
mit Wirkung vom ....
für die Betriebe der Firma .... in ...., ...
und .... zum/zur
betrieblichen Datenschutzbeauftragten
bestellt und dem Vorstand/Geschäftsführer der Firma .... unmittelbar unterstellt.
Er/Sie ist bei der Anwendung seiner/ihrer Fachkunde auf dem Gebiet des Datenschutzes weisungsfrei und darf wegen der Erfüllung seiner/ihrer Aufgaben nicht benachteiligt werden.
Herr/Frau .... hat die in § 4 g BDSG, dessen Text dieser Urkunde als Anlage beigefügt ist, festgelegten Aufgaben, die durch die beigefügte Stellenbeschreibung weiter konkretisiert werden.
Herr/Frau .... übt diese Tätigkeit im Rahmen des bestehenden Anstellungsverhältnisses aus, so dass seine/ihre Tätigkeit als Datenschutzbeauftragte(r) mit dem Gehalt abgegolten ist.
Diese Bestellung endet durch Widerruf oder bei Vorliegen eines wichtigen Grundes und erlischt spätestens zu dem Zeitpunkt, in dem der Anstellungsvertrag zwischen Herrn/Frau .... und der Firma .... endet.
.................., den ....
Unterschrift
Die Kenntnisnahme, das Einverständnis und der Empfang eines Originals wird hiermit bestätigt:
............., den ....   Unterschrift Datenschutzbeauftragte(r)

e) Aufgaben des Datenschutzbeauftragten

Die Aufgaben des betrieblichen Beauftragten für den Datenschutz ergeben sich unmittelbar aus § 4 g BDSG:

§ 4 g Abs. 1 BDSG „Aufgaben des Beauftragten für den Datenschutz"

(1) Der Beauftragte für den Datenschutz wirkt auf die Einhaltung dieses Gesetzes und anderer Vorschriften über den Datenschutz hin. Zu diesem Zweck kann sich der Beauftragte für den Datenschutz in Zweifelsfällen an die für die Datenschutzkontrolle bei der verantwortlichen Stelle zuständige Behörde wenden. Er hat insbesondere

1. die ordnungsgemäße Anwendung der Datenverarbeitungsprogramme, mit deren Hilfe personenbezogene Daten verarbeitet werden sollen, zu überwachen; zu diesem Zweck ist er über Vorhaben der automatisierten Verarbeitung personenbezogener Daten rechtzeitig zu unterrichten,

2. die bei der Verarbeitung personenbezogener Daten tätigen Personen durch geeignete Maßnahmen mit den Vorschriften dieses Gesetzes sowie anderen Vorschriften über den Datenschutz und mit den jeweiligen besonderen Erfordernissen des Datenschutzes vertraut zu machen.

Primäre Pflicht des Datenschutzbeauftragten ist es, auf die Einhaltung der Datenschutzgesetze hinzuwirken. Daraus ergibt sich unmittelbar, dass der Datenschutzbeauftragte keine Weisungsbefugnis gegenüber dem Unternehmen hat, sondern lediglich Empfehlungen zum datenschutzkonformen Vorgehen erlassen kann. Dies geschieht üblicherweise durch Richtlinien, Kommentare und Prüfberichte.

Ob das Unternehmen diese Empfehlung tatsächlich befolgt, obliegt allein der Geschäftsleitung, die auch auf eigenes Risiko – sehenden Auges – von der Empfehlung des Datenschutzbeauftragten abweichen kann. Im Ergebnis bedeutet das, dass der Datenschutzbeauftragte lediglich auf Defizite im Datenschutz hinweisen kann. Die Umsetzung verbleibt alleine beim Unternehmen.

Als Teil der Verpflichtung des Datenschutzbeauftragten, auf eine datenschutzkonforme Organisation hinzuwirken, besteht eine Verpflichtung auch darin, die ordnungsgemäße Anwendung der elektronischen Datenverarbeitung zu überwachen. Konkret besteht insofern die Pflicht, Datenverarbeitungsprogramme auf ihre Vereinbarkeit mit den Anforderungen des Datenschutzes zu überprüfen. Diese Kontrolle ist vom Datenschutzbeauftragten selbst durchzuführen und in regelmäßigen Abständen, d.h. bei der Neueinführung von Software zu wiederholen.

Darüber hinaus hat der Datenschutzbeauftragte die Pflicht, die Mitarbeiter mit Ziel und Inhalt der Datenschutzvorschriften vertraut zu machen. Insoweit sieht das Gesetz also die Schulung der Beschäftigten vor.

Der Datenschutzbeauftragte untersteht in den oben dargestellten Funktionen – anders als in seiner Eigenschaft Position als Arbeitnehmer – unmittelbar dem Leiter des Unternehmens, also dem Geschäftsführer, Vorstand oder Inhaber. Der Datenschutzbeauftragte ist in Ausübung seiner Fachkunde auf dem Gebiet des Datenschutzes weisungsfrei. Das Unternehmen hat ihn bei der Erfüllung seiner Aufgaben zu unterstützen und ihm insbesondere auch Hilfspersonal, Räume, Einrichtungen, Geräte und Mittel zur Verfügung zu stellen. Ihm ist darüber hinaus die Möglichkeit zu geben, an regelmäßigen Schulungen teilzunehmen, was gerade bei internen Datenschutzbeauftragten zu zusätzlichen Kosten führen kann.

Dass der Datenschutzbeauftragte einer besonderen Verschwiegenheit unterliegt, ergibt sich bereits aus dem Sinn und Zweck seiner Tätigkeit. Dies ist auch deswegen erforderlich, weil der Datenschutzbeauftragte Zutrittsrecht zu allen Räumen des Unternehmens und auch Einsichtsrecht in die Personalakten hat.

Er ist zudem zuständig für die Vorabkontrolle bestimmter automatisierter Verarbeitungen, nämlich der Verarbeitung sensiver Daten sowie der Verarbeitung personenbezogener Daten, die dazu bestimmt sind, die Persönlichkeit des Betroffenen einschließlich seiner Fähigkeiten, seiner Leistung oder seines Verhaltens zu bewerten, sofern nicht eine gesetzliche Verpflichtung oder eine Einwilligung des Betroffenen besteht oder die Verarbeitung der Zweckbestimmung des Vertragsverhältnisses dient.

Der Datenschutzbeauftragte ist zudem für die Erstellung der Verfahrensverzeichnisse des Unternehmens verantwortlich.

> ### Einbezug des Datenschutzbeauftragten:
>
> Entsprechend der oben dargestellten Aufgaben des Datenschutz-
> beauftragten sollte dieser regelmäßig bei allen datenschutzrele-
> vanten Themen im Unternehmen beigezogen werden. In der Pra-
> xis sind hier vor allem wichtig:
> - Datenschutzbeschwerden von Kunden
> - Einführung von Überwachungsmaßnahmen
> - Einführung von neuen EDV-Systemen
> - Outsourcing bei gleichzeitiger Übermittlung personenbezoge-
>   ner Daten an Drittunternehmen

f) Abberufung

Der Unternehmer kann den Datenschutzbeauftragten nur abberu-
fen, wenn die Aufsichtsbehörde dies verlangt oder ein wichtiger
Grund im Sinne des § 626 BGB vorliegt. Ein derart wichtiger Grund
wäre beispielsweise

- schwerwiegende Versäumnisse bei dem Hinwirken auf die Datensicherheit nach § 9 BDSG,

- systematische und nachhaltige Versäumnisse einzelner Verarbei-
  tungs- und Fachbereiche,

- nachweisbare Mängel in der Fachkunde,

- Verstöße gegen Verschwiegenheitspflichten oder

- keine Schulung von Mitarbeitern des Unternehmens.

Wichtig ist hierbei, dass sich die Gründe für eine Abberufung ausschließlich auf die Tätigkeit als Datenschutzbeauftragter beziehen.
Daneben oder darüber hinausgehende arbeitsrechtliche Verfehlun-
gen sind rechtlich getrennt zu beurteilen.

BEISPIEL: Ein Datenschutzbeauftragter, der ständig zu spät zur Arbeit
kommt, mag zwar arbeitsrechtliche Konsequenzen befürchten. Auf
seine Stellung als Datenschutzbeauftragter hat dieser arbeitsrechtliche
Verstoß aber keinen Einfluss.

Seit der letzten Datenschutzreform im Jahr 2009, wurde dem Datenschutzbeauftragten darüber hinaus ein erhöhter Kündigungsschutz zugesprochen. Nach § 9 Abs. 3 S. 3 BDSG ist eine Kündigung des Datenschutzbeauftragten nicht zulässig, es sei denn, dass Tatsachen vorliegen, welche die verantwortliche Stelle zur Kündigung aus wichtigem Grund ohne Einhaltung einer Kündigungsfrist berechtigen. Hierbei handelt es sich um schwerwiegende arbeitsrechtliche Verstöße wie zum Beispiel Diebstahl oder Unterschlagung.

> **BEISPIEL:** Ein Unternehmen möchte Personal abbauen und erstellt einen entsprechenden Sozialplan. Im Rahmen der auszusprechenden ordentlichen Kündigungen besteht zu Gunsten des Datenschutzbeauftragten ein Kündigungsverbot.

Mit den oben dargestellten Maßnahmen will der Gesetzgeber die Position des Datenschutzbeauftragten als unabhängiges datenschutzrechtliches Organ stärken. Die Tätigkeit des Datenschutzbeauftragten soll gesichert und stabilisiert werden.

g) Haftung

Bei der Haftung im datenschutzrechtlichen Bereich ist zunächst festzuhalten, dass die datenschutzrechtlich verantwortliche Stelle zunächst das Unternehmen selbst ist.

Der Datenschutzbeauftragte ist gesetzlich lediglich verpflichtet, auf die Einhaltung der Datenschutzgesetze „hinzuwirken". Kommt das Unternehmen dem nicht nach, kann der Datenschutzbeauftragte hierfür mangels Ursächlichkeit seines Verhaltens regelmäßig nicht haftbar gemacht werden.

> **BEISPIEL:** Der Datenschutzbeauftragte eines Unternehmens hat die Geschäftsführung mehrfach darauf hingewiesen, dass die Verwendung der Kundendaten für Werbung von Drittunternehmen nicht zulässig ist. Die Geschäftsleitung hilft dem Vorgehen trotzdem nicht ab. Nach Kenntnis erlässt die Datenschutzbehörde ein Bußgeld in Höhe von 20.000 EUR.

In dem vorgenannten Beispiel trifft den Datenschutzbeauftragten keine Haftung Er hat seine gesetzlichen Pflichten erfüllt und auf die entsprechenden datenschutzrechtlichen Missstände hingewiesen. Hilft das Unternehmen diesen nicht ab, trifft den Datenschutzbeauftragen keinerlei persönliche Haftung.

Soweit ausnahmsweise einmal eine Haftung des Datenschutzbeauftragten in Frage kommt, haftet er für einen dem Arbeitgeber zugefügten Schaden nur nach allgemeinen arbeitsrechtlichen Regelungen, das heißt bei Vorsatz und grober Fahrlässigkeit voll, bei normaler Fahrlässigkeit nur anteilig und bei einfacher Fahrlässigkeit gar nicht. Bei Schäden Dritter oder von Arbeitskollegen hat der Arbeitgeber den Arbeitnehmer gemäß den vorstehenden Grundsätzen freizustellen. Der interne Datenschutzbeauftragte ist also nach den allgemeinen Grundregeln des Arbeitsrechts haftungsprivilegiert.

h) Interner und externer Datenschutzbeauftragter

Das Unternehmen kann sich jederzeit frei entscheiden, ob es einen internen oder einen externen Datenschutzbeauftragten bestellen will. Die Aufsichtsbehörden gehen davon aus, dass bei Bestellung eines Arbeitnehmers zum Datenschutzbeauftragten 20 % der Arbeitszeit dieses Arbeitnehmers auf den Datenschutz entfallen, sofern es sich nicht um Kleinbetriebe handelt.

In der Praxis finden sich beide Varianten, sowohl bei kleineren und mittelständischen Unternehmen als auch bei Konzernen.

Wegen des mit der letzten Datenschutzreform eingeführten sehr hohen Kündigungsschutzes des internen Datenschutzbeauftragten, besteht zumindest aktuell bei vielen Unternehmen die Tendenz, sich für einen externen Datenschutzbeauftragten zu entscheiden. Der Vorteil dieser Lösung ist meist auch eine größere Fachkompetenz des externen Datenschutzbeauftragten, der sich intensiv und meist ausschließlich mit dem Datenschutz befasst.

Gründe für einen externen Datenschutzbeauftragten:

- (in der Regel): höhere Fachkompetenz
- kein arbeitsrechtlicher Kündigungsschutz
- bessere Repräsentanz gegenüber Dritten (z.B. Behörden und Kunden)
- jederzeit abberufbar
- haftet voll (und ist hiergegen im Regelfall versichert)
- zu günstigen Konditionen am Markt verfügbar.

Gründe für einen internen Datenschutzbeauftragten:

- keinerlei Preisgabe von Betriebsinterna an Dritte
- sofern nur geringes Engagement/geringfügige Tätigkeit wohl kostengünstiger.

Die Abberufung des internen Datenschutzbeauftragten ist im Regelfall nicht möglich!

Der interne Datenschutzbeauftragte besitzt einen sehr hohen Kündigungsschutz!

Auf einen Blick: Der Datenschutzbeauftragte:

- Bestellung erforderlich, wenn mehr als neun Arbeitnehmer mit der Erhebung, Verarbeitung oder Nutzung personenbezogener Daten beschäftigt sind (§ 4f Abs. 1 S. 1, 2, 4 BDSG), bei nicht automatisierter Verarbeitung, wenn mindestens zwanzig Personen damit beschäftigt sind.
- Der Datenschutzbeauftragte muss die erforderliche Fachkunde und Zuverlässigkeit besitzen.
- Die Bestellung muss schriftlich erfolgen.
- Die (umfassenden) Aufgaben ergeben sich aus § 4g BDSG.
- Es ist sowohl die Bestellung eines eigenen Mitarbeiters (sog. interner Datenschutzbeauftragter) oder eines spezialisierten Dritten (sog. externer Datenschutzbeauftragter) möglich.
- Die Abberufung des internen Datenschutzbeauftragten ist im Regelfall nicht möglich!
- Der interne Datenschutzbeauftragte besitzt einen sehr hohen Kündigungsschutz!

17. Datenschutz bei Unternehmensverkäufen

Im Rahmen von Unternehmenskäufen und anderen gesellschafts-rechtlichen Transaktionen wird im Regelfall eine sogenannte due-dilligence Prüfung durchgeführt. Hierbei prüft der Käufer das zur Veräußerung stehende Unternehmen unter anderem in finanzieller, steuerlicher und rechtlicher Hinsicht. Bei due-dilligence Prüfungen werden dabei im Regelfall personenbezogene Daten verarbeitet, z. B. in Form von Mitarbeiterdaten und Gehaltslisten.

> **BEISPIEL:** Ein mittelständisches Textilunternehmen soll an einen interna-tionalen Großkonzern veräußert werden. Im Rahmen der due-dilligence sollen Gehaltslisten mit den Mitarbeiternamen und sämtliche Arbeitsver-träge vorgelegt werden.

Eine Weitergabe der vorgenannten Daten im Beispiel ist im Regel-falle nach § 28 Abs. 1 Satz 1 Nr. 2 BDSG zulässig. Jedoch hat eine Abwägung zwischen den Interessen der Betriebsveräußerung und der Datenschutz-Interessen der Mitarbeiter zu erfolgen. In der Pra-xis wird jedoch eine Weitergabe von Mitarbeiterlisten im Regelfalle datenschutzrechtlich zulässig sein. Eine derartige Übermittlung per sonenbezogener Daten wäre lediglich dann unzulässig, wenn dem Informationsbedarf des potenziellen Erwerbs auch durch anonymi-sierte Angaben genüge getan werden könnte. Es kommt also immer stark auf den Einzelfall der Transaktion an, ob und in welchem Um-fang Personaldaten und sonstige personenbezogene Daten an einen Erwerber weitergegeben werden können und dürfen. Eine generelle Aussage lässt sich hierzu nicht treffen.

18. Praxischeckliste

Datenschutz in der Personalabteilung/Arbeitnehmerdatenschutz	
Prüfpunkt:	**Bei positiver Beantwortung im Detail zu prüfen:**
Bewerberdaten Allgemein	☐ Welche Daten werden bei Bewerbern erhoben ☐ Werden schutzwürdige Daten erhoben ☐ Werden Daten zu Vorstrafen erhoben ☐ Werden Daten zu Schwerbehinderung/Krankheiten erhoben ☐ Werden Daten zu Gewerkschaftszugehörigkeit erhoben ☐ Werden Daten zur religiösen Überzeugung erhoben ☐ Werden Daten aus sozialen Netzwerken (z.B. XING oder Facebook) verwendet ☐ Wann werden Bewerberdaten gelöscht
Bewerbungsprozess / Speicherung	☐ Wie lange werden Bewerberdaten gespeichert ☐ Erfolgt eine Weitergabe der Bewerberdaten an Dritte ☐ Erfolgt eine Weitergabe der Bewerberdaten im Konzern ☐ Werden Online Bewerbungen eingesetzt ☐ Werden Personalberater eingesetzt
Medizinische Untersuchungen / Eignungstests	Werden medizinische Untersuchungen durchgeführt Werden Eignungstest durchgeführt Für welche Tätigkeit werden medizinische Untersuchungen und/oder Eignungstest durchgeführt
Arbeitsvertrag / Arbeitsunterlagen	☐ Existiert eine Verpflichtung auf das Datengeheimnis nach § 5 BDSG ☐ Existiert ein Merkblatt zum Datenschutz ☐ Existiert eine Konzernklausel (bei geplanter Weitergabe der Mitarbeiterdaten im Konzern)
Datenspeicherung im Arbeitsverhältnis	☐ Welche Daten der Arbeitnehmer werden erfasst ☐ Erfolgt eine Übermittlung dieser Daten an Dritte ☐ Erfolgt eine Übermittlung dieser Daten in das Ausland ☐ Wann werden Mitarbeiterdaten gelöscht
Personalakte	☐ Welche Inhalte hat die Personalakte ☐ Wer hat Zugriff auf die Personalakte ☐ Wie ist die Personalakte vor Zugriff Dritter gesichert
Nutzung von Internet und E-Mail	☐ Ist die private Internet- und E-Mail Nutzung gestattet oder verboten ☐ Welche Überwachungs- und Kontrollmaßnahmen werden bei der Internet- und E-Mail Nutzung regelmäßig eingesetzt ☐ Besteht eine klare Regelung zur Internet- und E-Mail Nutzung (Vertrag, Policy oder Betriebsvereinbarung)

Datenschutz in der Personalabteilung/Arbeitnehmerdatenschutz	
Prüfpunkt:	Bei positiver Beantwortung im Detail zu prüfen:
Betriebsrat	☐ Welche Daten sieht der Betriebsrat regelmäßig ein ☐ Werden spezifische Daten des Betriebsrats überwacht oder ohne dessen Kenntnis gespeichert
Videoüberwachung	☐ Erfolgt eine Videoüberwachung im öffentlich-zugänglichen Bereich ☐ Erfolgt eine Videoüberwachung im nicht öffentlich zugänglichen Bereich ☐ Erfolgt eine Videoüberwachung in Rückzugsflächen
Ortungssysteme	☐ Werden Ortungssysteme eingesetzt
Biometrische Verfahren	☐ Werden Daten mittels biometrischer Verfahren erhoben
Straftaten und Pflichtverletzungen	☐ Werden/Wurden bei Verdacht auf Straftaten und schwerwiegenden Pflichtverletzungen Mitarbeiterdaten ohne Kenntnis des Mitarbeiters erhoben ☐ Falls Ja: Wie und über welchen Zeitraum hinweg erfolgt/erfolgte eine derartige Datenerhebung ☐ Wird/Wurde versteckte Videoüberwachung eingesetzt
Datenabgleich	☐ Erfolgt/Erfolgte ein systematischer automatisierter Datenabgleich von Mitarbeiterdaten
Mitarbeiterschulungen	☐ Werden Mitarbeiter durch den Datenschutzbeauftragten geschult
Datenschutzbeauftragter	☐ Ist ein Datenschutzbeauftragter bestellt ☐ Besitzt der Datenschutzbeauftragter die fachliche Kompetenz nach § 4 f BDSG ☐ Ist der Datenschutzbeauftragte zuverlässig gem. § 4 f BDSG ☐ Wurde die Alternative eines externen Datenschutzbeauftragten geprüft ☐ Erfolgte die Bestellung des Datenschutzbeauftragten ordnungsgemäß
Datenauftragsverwaltung	☐ Werden Mitarbeiterdaten im Wege der Datenauftragsverarbeitung an Dritte weitergegeben

4. Kapitel

Marketing und Werbung

1. Kunden- und Interessentendaten

a) Grundsätze

Kundendaten stellen einen wesentlichen Unternehmenswert dar. Datenschutzrechtlich regelt § 4 Abs. 1 BDSG im Wege des Verbots mit Erlaubnisvorbehalt die Erhebung, Verarbeitung und Nutzung von Kundendaten. Diese ist nur zulässig, wenn die Erhebung entweder durch Gesetz erlaubt oder mit Einwilligung des Betroffenen geschieht.

Der Erwerb von Kundendaten ist daher in der Praxis möglich

- durch eigene Erhebung, zum Beispiel einem Bestellvorgang oder einer Registrierung,

- durch Auswertung allgemein zugänglicher Quellen, wie zum Beispiel dem Internet oder Zeitungsanzeigen,

- durch (zulässigen) Erwerb von Adresshändlern.

Bei den Arten von Kundendaten wird datenschutzrechtlich zwischen sogenannten:

- Stammdaten,

- Nutzungsdaten und

- Inhaltsdaten

unterschieden.

Bei Stammdaten handelt es sich um alle Daten, die erforderlich sind, um die Dienstleistung oder Produktlieferung als solche zu erbringen. Darunter fallen beispielsweise Name, Adresse, Telefonnummer, Geburtsdatum oder auch die Kontonummer.

Nutzungsdaten sind beispielsweise die E-Mail-Adresse, der Tag der Nutzung, die Uhrzeit der Nutzung und die Dauer der Nutzung.

Bei Inhaltsdaten handelt es sich um Inhalte von E-Mails oder auch um Daten zu aufgerufenen Webseiten und Verweildauer auf der jeweiligen Webseite.

Die wichtigste Erlaubnisvorschrift für das Erheben und Verarbeiten von Kundendaten ist § 28 Abs. 1 Satz 1 Nr. 2 BDSG. Insoweit ist darauf abzustellen, ob eine Erhebung oder Verarbeitung der Daten zur Wahrung berechtigter Interessen der verantwortlichen Stelle erforderlich ist und kein Grund zu der Annahme besteht, dass das schutzwürdige Interesse des Betroffenen an dem Ausschluss der Verarbeitung/Nutzung überwiegt.

> **BEISPIEL:** Ein Kunde registriert sich über das Internet bei einem Online-Shop. Die Erhebung und Verarbeitung dieser Stamm- und Nutzungsdaten ist nach § 28 Abs. 1 Satz 1 Nr. 2 BDSG ohne weiteres zulässig.

b) Direkterhebung/Unterrichtungspflicht

Es gilt dabei der Grundsatz der sogenannten Direkterhebung beim Betroffenen mit Unterrichtungspflicht gem. § 4 Abs. 3 Satz 1 BDSG. Das bedeutet, der Kunde muss über die folgenden Informationen der betroffenen Stelle unterrichtet werden:

- Identität der verantwortlichen Stelle,

- Zweckbestimmung der Erhebung, Verarbeitung oder Nutzung sowie

- die Kategorien von Empfängern, sofern der Kunde nach den Umständen des Einzelfalls nicht mit der Übermittlung an Dritte rechnen muss.

Empfänger der Daten können beispielsweise sein Dienstleister (wie zum Beispiel Transportunternehmen oder Inkassounternehmen) oder auch sonstige Dritte, an welche Adressen zu Marketingzwecken weitergegeben werden (beispielsweise im Wege der Adressvermietung).

Die Unterrichtung erfolgt typischerweise in einer Datenschutzklausel, welche in den Bestellprozess integriert wird.

Sofern die Daten entgegen dem Grundsatz von Treu und Glauben nicht entsprechend der Unterrichtungspflicht verarbeitet werden, gelten die schutzwürdigen Interessen den Betroffenen nach § 28 Abs. 1 Satz 1 Nr. 2 BDSG als verletzt.

> **BEISPIEL:** Ein Online-Shopping-Portal gibt Nutzungsdaten mit Interessen- und Bestellhistorie ihrer Kunden an Dritte weiter, was datenschutzrechtlich unzulässig wäre.

Neben dem Umstand, dass in diesem Beispielsfall eine Ordnungswidrigkeit begangen worden ist, hat der Kunde wegen einer unzulässigen Datenerhebung auch einen Anspruch auf Löschung seiner Daten gem. § 35 Abs. 2 Nr. 1 BDSG.

c) Möglichkeiten und Grenzen des CRM

Unternehmen setzen vielfach CRM-Systeme (Customer Relationship Management Systeme) ein, um Ihre Kunden und Leads effizient und bestmöglich zu verwalten. Aus datenschutzrechtlicher Sicht stellt sich hierbei die Fragen, ob und inwieweit derartige Systeme zulässigerweise eingesetzt werden dürfen.

aa) Nutzungsprofile

Eine gesetzliche Definition des Nutzungsprofils existiert weder im BDSG noch im TMG. Deshalb ist auf die Definition im § 15 TMG (Nutzerdaten) zurück zu greifen:

§ 15 Abs. 1 S. 1 TMG „Nutzungsdaten"

> (1) Der Diensteanbieter darf personenbezogene Daten eines Nutzers nur erheben und verwenden, soweit dies erforderlich ist, um die Inanspruchnahme von Telemedien zu ermöglichen und abzurechnen (Nutzungsdaten).

Das bedeutet für die Praxis: Alle Nutzungsdaten, welche in zulässiger Weise erhoben wurden, dürfen in Nutzungsprofile einfließen. Dies gilt jedoch nicht für Verbindungsdaten, welche Informationen über die Telekommunikationsvorgänge geben. Denn insoweit ist das Telekommunikationsgesetz (TKG) anwendbar. Zu diesen Daten zählen auch die Daten über das Senden und Empfangen von E-Mails. Derartige Daten dürfen nicht in Nutzungsprofile einbezogen werden, da das Telekommunikationsrecht eine solche Generierung von Nutzungsprofilen ausdrücklich nicht gestattet.

Darüber hinaus ist es für die Praxis von Bedeutung, dass die Nutzungsprofile ausschließlich zur Werbung, Marktforschung oder bedarfsgerechten Gestaltung der Dienste genutzt werden dürfen. Dies ergibt sich aus § 15 Abs. 3 TMG, welcher die Nutzung insoweit ausdrücklich einschränkt.

§ 15 Abs. 3 TMG „Nutzungsdaten"

(3) Der Diensteanbieter darf für Zwecke der Werbung, der Marktforschung oder zur bedarfsgerechten Gestaltung der Telemedien Nutzungsprofile bei Verwendung von Pseudonymen erstellen, sofern der Nutzer dem nicht widerspricht. Der Diensteanbieter hat den Nutzer auf sein Widerspruchsrecht im Rahmen der Unterrichtung nach § 13 Abs. 1 hinzuweisen. Diese Nutzungsprofile dürfen nicht mit Daten über den Träger des Pseudonyms zusammengeführt werden.

Eine Verwendung der Nutzungsprofile über diesen *numerus clausus* der Nutzungszwecke hinaus ist unzulässig.

BEISPIEL: Ein in zulässiger Weise erstelltes Nutzungsprofil darf in keinem Falle zum Zweck einer Bonitätsprüfung verwendet werden.
Beispiele für Nutzungsdaten, die ohne Einwilligung des Nutzers erhoben werden dürfen sind nach dem oben dargestellten Regeln:
- vom User verwendete Hard- und Software
- vom User verwendetes Betriebssystem
- vom User verwendeter Typ und Version des Browsers
- Seriennummer des verwendeten Prozessors beim User
- auf dem Rechner des Nutzers gespeicherte Cookies
- Nutzerkennungen (Passwörter)
- vom User verwendete URLs (das heißt Seitenaufrufe).

bb) CRM in der Praxis

Nach den oben dargestellten Vorschriften ist es datenschutzrechtlich grundsätzlich unproblematisch, ein CRM-System zu betreiben. Dieses besteht typischerweise aus einer Datenbankanwendung, welche eine strukturierte und automatisierte Erfassung von Kundendaten ermöglicht. Diese werden im Regelfall mit Auswertungs-, Aktions-, Reaktions- und Potenzialdaten kombiniert. Ein derartiges CRM-System ist bei bestehenden Kunden und Interessenten im Regelfall unbedenklich. Wichtig ist jedoch, dass die dort hinterlegten Daten im keinem Falle an Dritte weitergegeben werden, da das Listenprivileg eine Weitergabe von Daten lediglich in sehr beschränktem Umfang zulässt.

> **Auf einen Blick: Kunden und Interessentendaten**
>
> - Bei Kundendaten gilt der Grundsatz der Direkterhebung.
> - Der Kunde ist auf die datenschutzrechtlich relevanten Nutzungs- und Verwertungshandlungen (z.B. Weitergabe an Dritte) hinzuweisen.
> - Kundendaten dürfen im Rahmen der Zweckbestimmung des Vertragsverhältnisses erhoben und verarbeitet werden.
> - Marktübliche CRM-Systeme sind datenschutzrechtlich meist unproblematisch, sofern die Daten ausschließlich zur eigenen Kunden- und Leadverwaltung verwendet werden und keine Weitergabe an Dritte erfolgt.

2. Online-Marketing

Nicht nur für Unternehmen, die ein reines Online-Geschäftsmodell betreiben, sondern auch zunehmend klassische Handels- und Industrieunternehmen entwickelt sich das Online-Marketing zu einem wichtigen Absatzkanal. Datenschutzrechtlich sind dabei diverse Vorraussetzungen zu beachten.

a) Internetauftritt

aa) Impressum

Auch wenn kein datenschutzrechtliches Thema im engeren Sinn, sollte bei der Gelegenheit der datenschutzrechtlichen Prüfung eines Internetauftritts auch das Impressum rechtlich geprüft werden, da hier regelmäßig Fehler gemacht werden, die zu Abmahnungen und Bußgeldern führen können.

Die Impressumspflicht richtet sich nach § 5 Telemediengesetz (TMG):

§ 5 TMG „Allgemeine Informationspflichten"

(1) Diensteanbieter haben für geschäftsmäßige, in der Regel gegen Entgelt angebotene Telemedien folgende Informationen leicht erkennbar, unmittelbar erreichbar und ständig verfügbar zu halten:

1. den Namen und die Anschrift, unter der sie niedergelassen sind, bei juristischen Personen zusätzlich die Rechtsform, den Vertretungsberechtigten und, sofern Angaben über das Kapital der Gesellschaft gemacht werden, das Stamm- oder Grundkapital sowie, wenn nicht alle in Geld zu leistenden Einlagen eingezahlt sind, der Gesamtbetrag der ausstehenden Einlagen,

2. Angaben, die eine schnelle elektronische Kontaktaufnahme und unmittelbare Kommunikation mit ihnen ermöglichen, einschließlich der Adresse der elektronischen Post,

3. soweit der Dienst im Rahmen einer Tätigkeit angeboten oder erbracht wird, die der behördlichen Zulassung bedarf, Angaben zur zuständigen Aufsichtsbehörde,

4. das Handelsregister, Vereinsregister, Partnerschaftsregister oder Genossenschaftsregister, in das sie eingetragen sind, und die entsprechende Registernummer,

5. soweit der Dienst in Ausübung eines Berufs im Sinne von Artikel 1 Buchstabe d der Richtlinie 89/48/EWG des Rates vom 21. Dezember 1988 über eine allgemeine Regelung zur Anerkennung der Hochschuldiplome, die eine mindestens dreijährige Berufsausbildung abschließen (ABl. EG Nr. L 19 S. 16), oder im Sinne von Artikel 1 Buchstabe f der Richtlinie 92/51/EWG des Rates vom 18. Juni 1992 über eine zweite allgemeine Regelung zur Anerkennung beruflicher Befähigungsnachweise in Ergänzung zur Richtlinie 89/48/EWG (ABl. EG Nr. L 209 S. 25, 1995 Nr. L 17 S. 20), zuletzt geändert

> durch die Richtlinie 97/38/EG der Kommission vom 20. Juni 1997 (ABl. EG Nr. L 184 S. 31), angeboten oder erbracht wird, Angaben über
>   a) die Kammer, welcher die Diensteanbieter angehören,
>   b) die gesetzliche Berufsbezeichnung und den Staat, in dem die Berufsbezeichnung verliehen worden ist,
>   c) die Bezeichnung der berufsrechtlichen Regelungen und dazu, wie diese zugänglich sind,
> 6. in Fällen, in denen sie eine Umsatzsteueridentifikationsnummer nach § 27a des Umsatzsteuergesetzes oder eine Wirtschafts-Identifikationsnummer nach § 139c der Abgabenordnung besitzen, die Angabe dieser Nummer,
> 7. bei Aktiengesellschaften, Kommanditgesellschaften auf Aktien und Gesellschaften mit beschränkter Haftung, die sich in Abwicklung oder Liquidation befinden, die Angabe hierüber.
> (2) Weitergehende Informationspflichten nach anderen Rechtsvorschriften bleiben unberührt.

Wichtig ist insoweit, dass die Verpflichtung, ein entsprechendes Impressum vorzuhalten, zwar an die Definition des sogenannten Diensteanbieters im Sinne § 2 S. 1 TMG anknüpft, nach § 5 TMG aber hinsichtlich der Impressumspflicht ausdrücklich ein geschäftsmäßiges in der Regel gegen Entgelt erbrachtes Angebot vorliegen muss.

> **BEISPIEL:** Für eine rein privat betriebene Hobbyseite (z.B. über Angeln) ist kein Impressum erforderlich.

Für Einbeziehung des Impressums ist nach den gesetzlichen Regelungen eine unmittelbare Erkennbarkeit und Erreichbarkeit erforderlich. Ausreichend ist insoweit in jedem Fall die Verlinkung auf der Eingangsseite eines Internetauftritts und die Bezeichnung „Impressum".

Musterimpressum einer GmbH:

> XYZ GmbH
> ABC Straße 1
> 00000 ABC Stadt
> Telefon: +49 40 000000
> E Mail: info@beispielsmail.de

> Vertretungsberechtigter Geschäftsführer: Hans Geschäftsführer
> ☐ Registergericht: Amtsgericht XYZ Stadt
> ☐ Registernummer: HR 0000
> Umsatzsteuer-Identifikationsnummer gemäß § 27 a Umsatzsteuergesetz: DE 0000000

bb) Datenschutzhinweis

Von der datenschutzrechtlich zulässigen Einwilligung der User zur Verarbeitung seiner personenbezogenen Daten ist der auf Internetseiten oft auffindbare Datenschutzhinweis zu unterscheiden.

Datenschutzrechtlich ist ein derartiger Hinweis auf den Datenschutz zwingend nur dann erforderlich, wenn der Internetauftritt Cookies verwendet oder personenbezogene Daten erhoben werden sollen. Das ist meist der Fall. Denn insoweit gehen die Datenschutzbehörden weit überwiegend davon aus, dass es sich bei der in diesem Fall verarbeiteten IP-Adresse bereits um ein personenbezogenes Datum handelt. In diesem Fall ist insbesondere nach § 13 Abs. 1 S. 2 TMG ein datenschutzrechtlicher Hinweis erforderlich.

Die entsprechende Datenschutzerklärung muss zu Art, Umfang und Zwecke der Erhebung und Verwendung personenbezogener Daten unterrichten.

Darüber hinausgehende Angaben, wie das Unternehmen mit personenbezogenen Daten umgeht, sind an dieser Stelle freiwillig und dienen der reinen Vertrauensbildung. Form, Gestaltung und Einbindung des Datenschutzhinweises liegen im Ermessen des Unternehmens. Nach § 13 Abs. 1 TMG muss die Formulierung aber allgemein verständlich, klar und zuverlässig wahrnehmbar sein. Darüber hinaus ist es erforderlich, dass die Erklärung jederzeit abrufbar ist.

BEISPIELE: Ausreichend für die wirksame Einbeziehung eines Datenschutzhinweises:
 – Linkverweis
 – Pop-up Fenster
 – pdf Download.

Muster eines Datenschutzhinweises:

Anonyme Datenerhebung

Sie können unsere Webseiten grundsätzlich besuchen, ohne uns mitzuteilen, wer Sie sind. Wir erfahren nur technische Daten wie z.B. den Namen Ihres Internet Service Providers, die Webseite, von der aus Sie kommen, und die Webseiten, die Sie bei uns besuchen. Diese Informationen werden mit Datum und Zeitangaben für interne statistische Zwecke der Werbung, Webseitenanalyse und zur bedarfsgerechten Gestaltung unserer Webseiten ausgewertet. Sie bleiben als Nutzer hierbei völlig anonym. Pseudonyme Nutzungsprofile werden nicht erstellt.

Einsatz von Cookies

Wir verwenden Cookies zur Qualitätsverbesserung des Aufbaus und Inhaltes unseres Webauftritts, und um eine benutzerorientierte und möglichst reibungslose Navigation zu ermöglichen. Begrenzt auf den Zeitraum Ihres Besuchs setzen wir so genannte Session- oder Sitzungs-Cookies. Sie dienen dazu festzuhalten, welche Angebote von Ihrem PC aus angesehen wurden, während Sie weiter surfen, und tragen darüber hinaus zur Erhöhung Ihrer Sicherheit beim Surfen bei. Verlassen Sie unsere Webseite oder klicken Sie eine Zeitlang nicht hierauf, werden diese kurzlebigen Cookies wieder gelöscht. Cookies können auf Ihrem PC keinen Schaden verursachen. Eine Sicherheitsgefährdung im Sinne von Viren oder Ausspähen Ihres PCs geht von ihnen nicht aus. Den Umgang mit Cookies regeln Sie selbst. Zur Zulassung, Ablehnung, Einsicht und Löschung nutzen Sie bitte die Hilfefunktion Ihres Browsers.

Kundendaten

Sobald Sie sich bei einem unserer Dienste registriert haben, speichern wir Ihre Daten zur Auftragsbearbeitung entsprechend der gesetzlichen Vorgaben des BDSG, HGB und der AO. Darüber hinaus verwenden wir Ihre Daten in diesem Fall im Rahmen der gesetzlichen Bestimmungen dazu, um Ihnen Werbung zu weiteren Produkten zukommen zu lassen. Selbstverständlich können Sie einer werblichen Nutzung Ihrer Kundendaten jederzeit per Telefon, Mail oder Brief widersprechen. Darüber hinaus geben wir Ihre Anfrage, entsprechend der von Ihnen innerhalb der Registrierung abgegebenen Einwilligungserklärung, an Kooperationspartner weiter.

Kontakt Datenschutz

Bitte wenden Sie sich bei Auskünften, Widersprüchen, Berichtigungs- und Löschungswünsche zu Ihren Daten und gerne auch Anregungen jederzeit per E-Mail oder per Brief an die XYZ GmbH, Datenschutzbeauftragter (Mailadresse).

Abschließend ist für die Praxis von Bedeutung, dass mit einer derartigen Datenschutzerklärung eine Einwilligung der User, beispielsweise zur Erstellung von Nutzungsprofilen nicht ersetzt, bzw. eingeholt werden kann. Der Hinweis dient wie gesagt im Kern lediglich dazu, den Einsatz von Cookies datenschutzkonform auszugestalten. Für eine darüber hinausgehende Verwendung der Daten durch das Unternehmen ist die ausdrückliche, an den formellen und inhaltlichen Anforderungen des TMG zu messende Einwilligung des Users erforderlich. Auch darf mittels einer Auswertung der durch Cookies erlangten Daten kein Nutzungsprofil erstellt werden.

Auf einen Blick: Internetauftritt

- Jeder gewerbliche Internetauftritt benötigt ein Impressum nach § 5 TMG.
- Eine datenschutzrechtliche Einwilligungserklärung ist bei der Erhebung von Userdaten (z.B. Kauf oder Registrierung) erforderlich.
- Unabhängig hiervon ist eine (allgemeine) Datenschutzerklärung innerhalb des Internetauftritts immer dann zwingend erforderlich, wenn Cookies verwendet werden.
- Falls dies nicht der Fall sein sollte, dient eine Datenschutzerklärung oder Privacy-Policy lediglich der Vertrauensbildung des Users.
- Mit dieser allgemeinen Erklärung zum Datenschutz kann keine Einwilligung zur Erstellung von Nutungsprofilen generiert werden.

b) Leadgenerierung

Im Folgenden wird die Generierung von Leads, d.h. Datensätzen von Interessenten an den Produkten oder Dienstleistungen eines Unternehmens datenschutzrechtlich dargestellt.

BEISPIEL: Ein Unternehmen in der Reisebranche möchte eine möglichst große Datei an potentiellen Interessenten aufbauen, welche für Werbeaktionen genutzt werden soll. Im Internet wird ein Gewinnspiel angeboten, bei dem täglich eine Reise verlost wird. Die Daten aller Teilnehmer sollen werblich für Werbeaktionen im Bereich von Print- und Online-Mailings sowie für Call-Center Aktionen genutzt werden dürfen.

aa) Datenschutzrechtliche Einwilligung immer erforderlich

Ohne Einwilligung des Nutzers ist eine Erhebung personenbezogener Daten nicht zulässig. Eine derartige Einwilligung kann auch nicht durch einen bloßen Datenschutzhinweis auf der Internetseite ersetzt werden. Dieser muss zwar jederzeit abrufbar auf der Internetseite vorhanden sein, ersetzt aber nicht die nach § 13 Abs. 2 TMG erforderliche datenschutzrechtliche Einwilligung. Vor dieser Einwilligung muss der User jedoch (über die Datenschutzerklärung s.o.) über die Nutzung seiner personenbezogenen Daten aufgeklärt worden sein. Nach § 13 Abs. 1 TMG hat der Diensteanbieter insoweit zu Beginn des Nutzungsvorganges über „Art, Umfang und Zwecke der Erhebung, Verarbeitung und Nutzung" zu unterrichten.

bb) Inhalt

Bei dem Inhalt der Einwilligungserklärung kommt es wesentlich darauf an, in welchem Umfang das Unternehmen die Userdaten nutzen möchte und ob mit der Einwilligungserklärung bereits ein Vertragsverhältnis zustande kommt.

Die Einwilligung muss insbesondere hinreichend bestimmt sein. Das bedeutet, dass sie keine allgemeinen Formulierungen enthalten darf, deren Auswirkungen für den Nutzer nicht oder nur schwer verständlich sind. Insoweit muss die Einwilligungserklärung eindeutig und zweifelsfrei erkennen lassen, unter welchen Voraussetzungen der User sich mit der Verarbeitung seiner Daten einverstanden erklärt. Er muss insbesondere darüber Kenntnis erlangen, wer zu welchem Zeitpunkt Zugang auf seine Daten hat und an welche dritte Stellen eine Übermittlung stattfindet. Pauschale Einwilligungen ohne hinreichende Präzisierung der beteiligten Stellen sind datenschutzrechtlich ebenso wenig ausreichend, wie allgemein gehaltene Aussagen zur Verwendung der Daten. In der Einwilligungserklärung muss klar und eindeutig präzisiert sein, welche personenbezogenen Daten für welche konkrete Verarbeitung genutzt werden.

Darüber hinaus muss die datenschutzrechtliche Einwilligung inhaltlich ein Widerspruchsrecht enthalten.

Muster einer datenschutzrechtlichen Einwilligung:

> Ich willige in die Verarbeitung meiner personenbezogenen Daten ein
> Bei allen Vorgängen der Datenverarbeitung (z.B. Erhebung, Verarbeitung und Übermittlung) verfahren wir nach den gesetzlichen Vorschriften. Ihre für die Geschäftsabwicklung notwendigen Daten werden gespeichert und für die Bestellabwicklung im erforderlichen Umfang an von uns beauftragte Dienstleister weiter gegeben. Bei Erstbestellungen auf Rechnung und Ratenkäufen nutzen wir neben anderen Bonitätsdaten auch Anschriftendaten, um das Risiko von Zahlungsausfällen im Einzelfall abschätzen zu können. Ferner werden Adress- und Bestelldaten für eigene Marketingzwecke erhoben und verarbeitet. Für fremde Marketingzwecke werden ausschließlich solche Daten weitergegeben, bei denen dies gesetzlich erlaubt ist.
>
> **Hinweis:** Sie können der Nutzung, Verarbeitung und Übermittlung Ihrer personenbezogenen Daten jederzeit durch eine formlose Mitteilung auf dem Postweg an XYZ GmbH, oder durch eine E-Mail an xyz@musterfirma widersprechen. Dies gilt allerdings nicht für die zur Abwicklung Ihrer Bestellung erforderlichen Daten. Nach Erhalt Ihres Widerspruchs werden wir die betroffenen Daten nicht mehr zu anderen Zwecken als zur Abwicklung Ihrer Bestellung nutzen, verarbeiten und übermitteln sowie die weitere Versendung von Werbemitteln einschließlich unserer Kataloge an Sie einstellen.

Datenschutzrechtlich ist eine Einwilligung zur Datenverarbeitung innerhalb von Allgemeinen Geschäftsbedingungen zwar grundsätzlich möglich, aber nicht ratsam.

cc) Koppelungsverbot

Für jede datenschutzrechtliche Einwilligung gilt das sogenannte Koppelungsverbot. Dieser datenschutzrechtliche Grundsatz ist mittlerweile in § 28 Abs. 3 b BDSG gesetzlich verankert:

§ 28 Abs. 3b BDSG „Datenerhebung und -speicherung für eigene Geschäftszwecke"

> (3b) Die verantwortliche Stelle darf den Abschluss eines Vertrags nicht von einer Einwilligung des Betroffenen nach Absatz 3 Satz 1 abhängig machen, wenn dem Betroffenen ein anderer Zugang zu gleichwertigen vertraglichen Leistungen ohne die Einwilligung nicht oder nicht in zumutbarer Weise möglich ist. Eine unter solchen Umständen erteilte Einwilligung ist unwirksam.

Wichtig ist hierbei, dass das gesetzliche Koppelungsverbot die Ausnutzung einer Monopolstellung verhindern will, jedoch gerade nicht originär auf die „Koppelung" z.B. eines Gewinnspiels zur Adressgenerierung abzielt.

BEISPIEL: Die Teilnahme an einem Online-Gewinnspiel wird davon abhängig gemacht, dass der User private Informationen (wie z.B. sein aktuell gefahrenes Auto) preisgibt, die an einen nicht genauer bezeichnete Gruppe an Unternehmen weitergegeben wird.

Das vorgenannte Gewinnspiel verstößt *nicht* gegen das datenschutzrechtliche Koppelungsverbot, da dieses lediglich Anwendung finden würde, wenn die Datenerhebung an eine Leistungserbringung gekoppelt wäre, die anderweitig nicht erhältlich ist (= Monopolstellung).

Im Regelfall ist das datenschutzrechtliche Koppelungsverbot also bei der Leadgenerierung nicht relevant, solange keine monopolartige Stellung der Leistung vorliegt.

dd) Wettbewerbsrechtliche Einwilligung

Von der datenschutzrechtlichen Einwilligung ist die wettbewerbsrechtliche Einwilligung zu unterscheiden. Denn: Auch wenn die Daten datenschutzrechtlich zulässig erhoben wurden, bedeutet dies noch nicht, dass eine Verwendung zum Direktmarketing zulässig ist.

BEISPIEL: Auch wenn Telefondaten (durch eine entsprechende Datenschutzerklärung) zulässig erhoben wurden, bedeutet dies noch nicht, dass Telefonmarketing zu diesem Datensatz zulässig ist. Hierzu bedarf es einer getrennten zusätzlichen wettbewerbsrechtlichen Einwilligung.

Für die Praxis ist dabei bei einer Einwilligung für Telefonwerbung zu beachten, dass diese nicht innerhalb von Allgemeinen Geschäftsbedingungen eingeholt werden kann (BGH NJW 2000, 2677). Insoweit ist eine gesonderte, von den Allgemeinen Geschäftsbedingungen unabhängige, Einwilligung erforderlich.

Muster einer wettbewerbsrechtlichen und datenschutzrechtlichen Einwilligung (Lead):

Hinweise zum Datenschutz

Die Vertraulichkeit und Integrität Ihrer persönlichen Angaben ist uns ein besonderes Anliegen.

Wir werden Ihre Angaben daher sorgfältig und entsprechend den gesetzlichen Bestimmungen zum Datenschutz verarbeiten und nutzen und insbesondere nicht ohne Ihre Zustimmung an Dritte weitergeben.

Wir erheben, verarbeiten und nutzen die von Ihnen angegebenen personenbezogenen Daten nur zum Zwecke der Abwicklung der Informationsmaterialzusendung und zweckbezogenen Betreuung.

Einwilligung in die Datenverarbeitung zu weiteren Zwecken

Wenn Sie wünschen, auch nach der Abwicklung der Anfrage weiterhin optimal betreut zu werden, ist es erforderlich, dass Sie nachstehend Ihre Einwilligung in die weitergehende Nutzung Ihrer persönlichen Angaben erklären (bitte Zutreffendes ankreuzen):

– Ich bin damit einverstanden, dass die XYZ GmbH meine hier angegebenen personenbezogenen Daten zum Zwecke der schriftlichen Kundenbetreuung (z.B. Einladungen zu exklusiven Veranstaltungen, Informationen über neue Produkte und Dienstleistungen, Versendung von Kundenmagazinen) sowie zur Marktforschung verarbeitet und nutzt und zu diesem Zwecke an die Konzerngesellschaften der XYZ GmbH weitergibt.

– Ich bin damit einverstanden, zu den oben angegebenen Zwecken auch per **E-Mail** angesprochen zu werden.

– Ich bin damit einverstanden, zu den oben angegebenen Zwecken auch per **Telefon/SMS** angesprochen zu werden.

Widerrufsrecht:

Ich kann unter der E-Mail-Adresse XXX oder der Telefonnummer XXX Auskunft über meine bei der XYZ GmbH gespeicherten personenbezogenen Daten erhalten und jederzeit deren Berichtigung, Löschung oder Sperrung verlangen. Sollte ich im Nachhinein Einwände gegen die Speicherung, Verarbeitung und Nutzung meiner Daten haben, kann ich meine Einwilligung ohne Angabe von Gründen unter der oben genannten E-Mail-Adresse oder Telefonnummer widerrufen. Wenn ich registriert bin, kann ich meine Einwilligung jederzeit im Nutzerprofil einsehen, ändern und widerrufen.

ee) Confirmed-Opt In

Sofern die Generierung der Leads online erfolgt, ist aus wettbewerbsrechtlichen Gründen zu einem sogenannten Confirmed-Opt In Prozess bei der Leadgenerierung zu raten.

> **BEISPIEL:** Prozess eines Comfirmed-Opt In Verfahren:
> **Schritt 1: Registrierung**
> Der User gibt seine Daten in der Bestellstrecke ein und bestätigt sein datenschutzrechtliches Einverständnis durch aktives Anklicken eines Kästchens.
> **Schritt 2: E-Mail Bestätigung**
> Dem User wird eine E-Mail mit der Bestätigung seiner Registrierung übersendet. Er bestätigt diese Registrierung aus seinem E-Mail Account
> **Schritt 3: Bestätigung**
> Die Registrierung des Users wird in einer separaten E-Mail bestätigt.

Mit der Anwendung des oben dargestellten Verfahrens wird sowohl das datenschutzrechtliche Einverständnis sichergestellt, als auch ausgeschlossen, dass User den Betreiber wegen Spamming abmahnen:

Zwar existiert keine ausdrückliche gesetzliche Regelung, die das oben dargestellte Confirmed-Opt In zwingend vorschreibt. Gleichwohl besteht aus wettebewerbsrechtlicher Sicht im Falle von Abmahnungen oft die Notwendigkeit, den Nachweis der Einwilligung zum Empfang von Werbung (z.B. per E-Mail) zu führen. Dieser Nachweis lässt sich in der Praxis nur dann führen, wenn man die vorgenannten Einwilligungen im Wege des Confirmed-Opt In eingeholt hat.

> **BEISPIEL:** Eine Kanzlei mahnt ein Unternehmen ab wegen Spamming kostenpflichtig. Der Mandant behauptet, er habe sein Werbeeinverständnis zum Empfang von Newslettern nie gegeben.

In dem oben genannten Beispiel hätte die abmahnende Kanzlei gerichtlich *immer* Erfolg, wenn das Unternehmen im Zivilprozess nicht nachweisen kann, dass tatsächlich ein Werbeinverständnis vorliegt. Dieser Nachweis kann in der Regel nur mit dem oben dargestellten Confirmed-Opt In Verfahren geführt werden.

Auf einen Blick: Leadgenerierung

- Es ist immer eine datenschutzrechtliche Einwilligung bei der Leadgenerierung erforderlich.
- Diese ist auch wettbewerbsrechtlicher Sicht notwendig, sofern Direktmarketing in Form von E-Mail, Fax oder Telefon betrieben werden soll.
- Es ist ratsam, die Einwilligung im Wege des Confirmed-Opt In einzuholen.

c) Analyse des Nutzerverhalten im Internet

aa) Online Nutzungsprofile/Düsseldorfer Kreis

Im Internet tätige Unternehmen haben ein großes Interesse daran, das Online-Nutzerverhalten der User so gut wie möglich zu verstehen und zu analysieren. Denn hiermit ist unmittelbar eine Verbesserung des Absatzes durch eine Steigerung der so genannten Conversion Rate verbunden. Dieser Wert bestimmt den Faktor der User auf einer Webseite insgesamt im Verhältnis zu den über die Seite erzielten Abverkäufe.

BEISPIEL: Ein Online Reisebüro möchte genau analysieren, an welcher Stelle im Bestellprozess die User den Bestellvorgang abrechen. Hierzu will es die Abbruchraten auch den einzelnen IP-Adressen zuordnen. Gleichzeitig erfolgt auf Basis der IP-Adressen eine Geolokalisation hinsichtlich der Regionen, in den die meisten Abbrüche erfolgen. Dort soll zukünftig weniger Werbung geschaltet werden.

Die Datenschutzrechtliche Bewertung von Nutungsprofilen des Online-Userverhaltens ist umstritten. Es existiert keine allgemein herrschende Meinung und einheitliche Anwendungspraxis der Behörden hierzu. Das bedeutet für das Unternehmen: Es muss immer im Einzelfall überprüft werden, ob ein bestimmte Maßnahme datenschutzrechtlich zulässig ist oder nicht.

Sehr restriktiv ist die Auffassung des so genannten „Düsseldorfer Kreises" zu diesen Fragestellungen. Der Düsseldorfer Kreis ist eine informelle Vereinigung der obersten Aufsichtsbehörden, die in Deutschland den nicht-öffentlichen Bereich des Datenschutzes überwachen. Zur Frage der Erstellung von Nutzungsprofilen wird dort eine sehr restriktive Auffassung vertreten:

Betreiber von Online-Angeboten analysieren zu Zwecken der Werbung und Marktforschung oder bedarfsgerechten Gestaltung ihres Angebotes das Surf-Verhalten der User. Zur Erstellung derartiger Nutzungsprofile verwenden sie vielfach Software bzw. Dienste, die von Dritten kostenlos oder gegen Entgelt angeboten werden.

Die obersten Aufsichtsbehörden für den Datenschutz im nicht-öffentlichen Bereich haben insoweit darauf hingewiesen, dass bei Erstellung von Nutzungsprofilen durch Web-Seitenbetreiber die Bestimmungen des Telemediengesetzes (TMG) zu beachten sind. Demnach dürfen Nutzungsprofile nur bei Verwendung von Pseudonymen erstellt werden. Die IP-Adresse ist nach dieser Ansicht kein Pseudonym im Sinne des Telemediengesetzes.

Im Einzelnen seien folgende Vorgaben aus dem TMG zu beachten:

- Den Betroffenen ist eine Möglichkeit zum Widerspruch gegen die Erstellung von Nutzungsprofilen einzuräumen. Derartige Widersprüche sind wirksam umzusetzen.

- Die pseudonymisierten Nutzungsdaten dürfen nicht mit Daten über den Träger des Pseudonyms zusammengeführt werden. Sie müssen gelöscht werden, wenn ihre Speicherung für die Erstellung der Nutzungsanalyse nicht mehr erforderlich ist oder der Nutzer dies verlangt.

- Auf die Erstellung von pseudonymen Nutzungsprofilen und die Möglichkeit zum Widerspruch müssen die Anbieter in deutlicher Form im Rahmen der Datenschutzerklärung auf ihrer Internetseite hinweisen.

- Personenbezogene Daten eines Nutzers dürfen ohne Einwilligung nur erhoben und verwendet werden, soweit dies erforderlich ist, um die Inanspruchnahme von Telemedien zu ermöglichen und abzurechnen. Jede darüber hinausgehende Nutzung bedarf der Einwilligung der Betroffenen.

Nach Ansicht des Düsseldorfer Kreises ist die Analyse des Nutzungsverhaltens unter Verwendung vollständiger IP-Adressen (einschließlich einer Geolokalisierung) aufgrund des Personenbezugs dieser
Daten daher nur mit bewusster, eindeutiger Einwilligung zulässig.
Liegt eine solche Einwilligung nicht vor, sei die IP-Adresse vor jeglicher Auswertung so zu kürzen, dass ein Personenbezug ausgeschlossen ist.

Auch wenn der Düsseldorfer Kreis keine gesetzgeberischen oder unmittelbaren behördlichen Kompetenzen besitzt, hat das Gremium
bei der Auslegung datenschutzrechtlich komplexer Tatbestände ein
wesentliches Gewicht. Insoweit sollte auch für die Praxis der Leitsatz
für Unternehmen gelten, dass Nutzerprofile nur sehr eingeschränkt
erstellt werden dürfen. Im Regelfall sind aber nach dieser Auffassung immer die oben dargestellten Voraussetzungen für die Erstellung von Nutzungsprofilen der User erforderlich.

Wenn das Unternehmen im oben dargestellten Beispielsfall eine
Haftung ausschließen möchte, wären also auf der Internetseite die
vorgenannten Punkte zu erfüllen.

bb) Google Analytics

BEISPIEL: Google Analytics ist ein weit verbreitetes Analysetool für den
Traffic auf einer Internetseite. Die Software wird online abgerufen und
ist frei verfügbar. Der Einsatz ermöglicht eine detaillierte Darstellung des
Userverhaltens auf der Internetseite eines Unternehmens. Das Unterneh-
men erhält so sehr umfangreiche Informationen, z.B. zu:
– Zugriffszahlen auf bestimmte Seiten innerhalb des Internetauftritts
– Angaben über Zeiten des Zugriffs (s.g. Verweildauer der User)
– Angaben über Seiten, über die der User den Internetauftritt verlässt
  (s.g. Absprungseiten)
– Angaben über die regionale Herkunft der User (z.B. geordnet nach
  Stadt oder Länderherkunft)
– Angaben über die Konvertierungsrate bestimmter Unterseiten.
Wichtig ist hierbei jedoch, dass die Auswertung anonym erfolgt, d.h. es
werden keinerlei individuelle Daten des Users angezeigt. Die Ermittlung
der Zuordnung der oben genannten Daten erfolgt lediglich aus Basis
der so genannten IP-Adresse.

Der Einsatz von Google-Analytics ist nach Ansicht von mehreren Landesbeauftragten für den Datenschutz nicht datenschutzkonform. Die Diskussion um die datenschutzrechtliche Zulässigkeit bis heute stellt sich wie folgt dar:

Insbesondere der Landesdatenschutzbeauftragte Rheinland-Pfalz hat am Einsatz von Google Analytics bereits im Jahr 2009 die nachfolgenden datenschutzrechtlichen Bedenken geäußert: Für das Analysewerkzeug „Google Analytics" würden sich Besonderheiten ergeben u.a. aufgrund der Übermittlung der Nutzungsdaten in die USA und der für Google grundsätzlich bestehenden Möglichkeit, anhand von Cookie-Daten die IP-Adressen bestimmten Nutzern zuzuordnen, wenn diese bereits bei einem registrierungspflichtigen Google-Dienst registriert sind (z.B. Google-Mail, Picasa, Google-Text & Tabellen, Google-Kalender usw.).

Datenschutzrechtlich verantwortlich für den Einsatz von Google Analytics ist der jeweilige Anbieter eines Telemediendienstes. Google wird für diesen beim Einsatz von Google Analytics im Auftrag tätig. Wie oben gezeigt, dürfen Anbieter von Telemedien gemäß § 15 Abs. 3 TMG zum Zweck der Werbung, der Marktforschung und bedarfsgerechten Gestaltung von Telemedien Nutzungsprofile unter Verwendung von Pseudonymen erstellen. Der Umgang mit unter Pseudonymgespeicherten Nutzungsdaten unterfällt dem Anwendungsbereich datenschutzrechtlicher Regelungen.

Daher sind an die Erstellung von Nutzungsprofilen Voraussetzungen geknüpft, die beim Einsatz des Analysedienstes Google Analytics nach Ansicht dieser Datenschutzbehörde nicht eingehalten werden:

Die Nutzer haben nach § 15 Abs. 3 TMG, das Recht der Erstellung von Nutzungsprofilen zu widersprechen. Dieses Recht muss serverseitig, d.h. vom Anbieter des Telemediums bzw. dem Betreiber des jeweiligen Internet-Angebots umgesetzt werden. Google Analytics sieht eine derartige Möglichkeit derzeit nicht vor.

Der Dienst Google Analytics gibt keine Garantie, dass das erstellte Nutzungsprofil nicht mit Angaben, die zur Identifizierung des Nutzers geeignet sind, verknüpft wird. Ausdrücklich räumt sich Google

in den entsprechenden Datenschutzbedingungen hierzu sogar das
Recht selbst ein:

Datenschutzbestimmungen von Google:

> „Informationen, die Sie zur Verfügung stellen – Wenn Sie sich für ein Google-
> Konto oder andere Google-Services oder Werbung anmelden, die eine Registrie-
> rung erfordern, bitten wir Sie um personenbezogene Daten, wie Ihren Namen,
> Ihre E-Mail-Adresse und Ihr Kontopasswort. Für bestimmte Services, wie etwa
> unsere Werbeprogramme, bitten wir Sie um Kreditkarten- oder Kontoinforma-
> tionen für die Bezahlung, die wir in verschlüsselter Form auf sicheren Servern
> aufbewahren. Möglicherweise kombinieren wir die von Ihnen bei der Verwen-
> dung Ihres Kontos bereitgestellten Informationen mit Informationen aus anderen
> Google-Services oder Services von Drittanbietern. Auf diese Weise verbessern
> sich für Sie die Funktionalität und die Servicequalität. Bei bestimmten Services
> geben wir Ihnen die Möglichkeit, das Kombinieren solcher Informationen zu
> deaktivieren."
> (http://www.google.de/intl/de/privacypolicy.html, Stand 18. Dezember 2009).

Unter diesen rechtlichen Bedingungen ist derzeit nicht auszuschließen, dass Nutzer von Internet-Angeboten, die bei einem weiteren
Dienst von Google angemeldet sind, durch Google unter dem auf
ihrer Seite erstellten Nutzungsprofil identifiziert werden können.

Zudem räumt sich die Google derzeit das Recht ein, auch nach Beendigung des Dienstes, die Daten weiterzunutzen. Die Nutzungsdaten sind jedoch gemäß § 35 Abs. 2 Nr. 3 Bundesdatenschutzgesetz
(BDSG) zu löschen, wenn sie für eigene Zwecke verarbeitet wurden
und deren Kenntnis für die Erfüllung des Zwecks der Speicherung
nicht mehr erforderlich ist. Dies ist in der Regel der Fall, wenn der
Betreiber eines Internet-Angebots die Nutzung des Dienstes ein-
stellt. Soweit bekannt, sieht die die Konfiguration der Analysesoft-
ware derzeit keine Löschungsmöglichkeit der gesammelten Daten
vor.

Die über Google Analytics erhobenen Nutzungsdaten werden darüber hinaus zum Zweck der Auswertung in die USA übermittelt.
Diese Übersendung der Nutzungsdaten in die USA stellt eine Übermittlung dar, für deren Zulässigkeit eine Rechtsgrundlage oder die
Einwilligung des Nutzer erforderlich ist, § 12 Abs. 1 TMG. § 15

Abs. 3 TMG rechtfertigt nur die Erstellung von Nutzungsprofilen. Eine Übermittlung in die USA ist davon jedoch nicht umfasst. Eine Einwilligung der Nutzer zur Übermittlung wird in aller Regel nicht eingeholt, mit der Folge, dass die Übermittlung in die USA ist datenschutzrechtlich unzulässig ist.

Der Dienst Google Analytics nutzt nach dieser Ansicht die erhobenen IP-Adressen darüber hinaus zur Geolokalisierung der Nutzer, was datenschutzrechtlich nicht zulässig ist.

In der datenschutzrechtlichen Fachliteratur werden hier liberalere Ansichten vertreten, welche den Einsatz von Google Analytics vor allem deswegen als zulässig betrachten, weil eine IP-Adresse gerade kein *personenbezogenes Datum* sei. Wie einleitend dargestellt liegt ein solcher Personenbezug immer dann vor, wenn Daten eine natürlichen Person aus *allgemein zugänglichen* Quellen zugeordnet werden können. Dieser Punkt ist bei einer bloßen IP-Adresse grundsätzlich sicher fraglich. Im konkreten Fall hat Google aber bereits unter Umständen zu den spezifischen IP-Adressen Daten der User aggregiert, so dass eine Zuordnung zu einer natürlichen Person zumindest nicht auszuschließen ist.

Auf die zunehmende Kritik der Datenschutzbehörden reagierte Google zunächst mit dem Einsatz s.g. Anonymizer. Es handelt sich dabei um eine zusätzliche Funktion in der Software, welche die IP-Adressen technisch „anonymisiert", so dass eine Zuordnung zu einer natürlichen Person auszuschließen sei. Diese neue Funktionalität alleine sahen verschiedene Aufsichtsbehörden immer noch nicht für ausreichend, da auch den Betreiber des Internetangebots selbst verschiedene Pflichten treffen sollten:

Nach den Vorgaben der meisten Datenschutzbehörden müssen die folgenden vier Punkte für einen datenschutzkonformen Einsatz von Google Analytics erfüllt sein:

Punkte, die beim Einsatz von Google Analytics umzusetzen sind:

1. Vertrag zur Datenverarbeitung im Auftrag
Es ist ein Vertrag zur Datenauftragsverarbeitung mit Google ist abzuschließen. Google stellt hier online ein Muster zur Verfügung.
2. Datenschutzerklärung mit Widerrufsmöglichkeit
Die Internetseite muss einen Hinweis auf den Einsatz von Google Analytics enthalten. In dieser Datenschutzerklärung muss sowohl auf die Nutzung des Tools als auch auf die bestehenden Widerspruchsmöglichkeiten gegen die Erfassung der Daten hingewiesen werden; Google stellt hier online ein Muster zur Verfügung.
3. Anonymizer
Der von Google zur Verfügung gestellte Anonymizer ist zu verwenden. Google stellt hier online und kostenfrei eine Version zur Verfügung.
4. Löschung von Altdaten
Eventuell vorhandene Altdaten sind zu löschen.

Will ein Unternehmen jedes datenschutzrechtliche Risiko beim Einsatz von Google Analytics ausschließen, ist zur Umsetzung dieser vier Punkte zu raten. Kritisch wird jedoch von den Unternehmen die Löschungsverpflichtung für Altdaten aus Punkt 4 gesehen: Eine solche Löschung ist faktisch nur durch eine Löschung und Neueinrichtung des Accounts möglich. Wesentliche, wirtschaftlich relevante Unternehmensdaten würden durch einen solchen Einsatz verlorengehen.

Abschließend ist drauf hinzuweisen, dass bislang noch keine Bußgelder wegen eines vermeintlich nicht datenschutzkonformen Einsatzes von Google Analytics erlassen wurden. Aus Sicht des Unternehmens ist in Anbetracht der nicht zufriedenstellenden aktuellen datenschutzrechtlichen Situation eine Risikobewertung durchzuführen, ob man die oben dargestellten Punkte umsetzen will oder ein gewisses Risiko bei dem Einsatz von Google Analytics sehenden Auges in Kauf nimmt.

Auf einen Blick: Analyse des Nutzer-verhaltens im Internet

- Die Erstellung von Nutzerprofilen bei (nicht registrierten) Nutzern einer Internetseite ist datenschutzrechtlich nur sehr eingeschränkt möglich.
- Der Einsatz von Google Analytics wird von deutschen Aufsichtsbehörden uneinheitlich beurteilt.
- Datenschutzrechtliche Bußgelder können nur ausgeschlossen werden, wenn die oben genannten Punkte umgesetzt werden.
- Der Wahrscheinlichkeit eines Bußgeldes bei Nichtbeachtung der oben genannten Punkte ist in der Praxis gering.

3. Adressbroking

a) Grundsätze

Für die Weitergabe von personenbezogenen Daten ist grundsätzlich entweder die Einwilligung des Datensubjekts erforderlich oder eine gesetzliche Ausnahmeregelung erforderlich. Dieser datenschutzrechtliche Grundsatz des sogenannten Verbots mit Erlaubnisvorbehalt gilt auch beim Verkauf oder der Vermietung von Adressen. Eine wesentliche datenschutzrechtliche Ausnahmevorschrift stellt hier das so genannte Listenprivileg dar, welches in § 28 Abs. 3 S.2 Nr. 1 und § 39 Abs. 2 S. 2 gesetzlich geregelt ist.

> **BEISPIEL:** Ein Hersteller für Zahnarztbohrer möchte für seinen neuen Bohrer bei allen Zahnarztpraxen in Berlin, München und Stuttgart ein Print-Werbemailing durchführen. Im Internet findet er einen Adressbroker, der die gewünschten Adressen zum Kauf anbietet.

Das Listenprivileg stellt eine wichtige gesetzliche Ausnahme dar und ermöglicht die Weitergabe der nachfolgenden listenmäßig zusammengefassten Daten:

- Personengruppe
- Berufsbezeichnung

- Branchen- oder Geschäftsbezeichnung
- Namen
- Titel/akademischer Grad
- Anschrift
- Geburtsjahr

ohne Zustimmung des Datensubjekts.

Es handelt sich um eine abschließende Aufzählung. Wichtig ist insoweit, dass die Weitergabe von E-Mailadressen nicht vom Listenprivileg umfasst ist. In der Praxis ist darüber hinaus zwischen Adressbroking mit Kundendaten im business to business Bereich und Verbraucherbereich zu unterscheiden:

b) Adressbroking business to business

Auch nach der letzten Datenschutzreform im Jahr 2009 ist das Adressbroking im business to business Bereich weitestgehend datenschutzrechtlich zulässig. Im Gesetzgebungsverfahren war anfangs vorgesehen, das Listenprivileg aufzuheben. Die Einflussnahme zahlreicher Lobbyverbände hat aber dazu geführt, dass das Listenprivileg in weiten Teilen aufrecht erhalten wurde.

Der business to business Bereich meint dabei den Adresshandel mit Daten von

- freiberuflich Tätigen,
- gewerblich Tätigen,
- unter Verwendung der Geschäftsadresse.

Nach § 28 Absatz 3 S. 2 Nr. 2 BDSG muss es sich also um Werbung, Markt- oder Meinungsforschung gegenüber freiberuflich oder gewerblich Tätigen handeln. Die Verwendung der personenbezogenen Daten muss für diese Zwecke erforderlich sein und sie muss sich auf die Geschäftsadresse der Betroffenen beziehen. Letzteres soll verhindern, dass freiberuflich oder gewerblich Tätige in ihrer Eigenschaft als Privatperson an ihre private Adresse Werbung erhalten, die als Geschäftswerbung deklariert wird.

Inhaltlich erscheint diese gesetzliche Erlaubnis auch grundsätzlich gerechtfertigt, weil Werbung, Markt- und Meinungsforschung im geschäftlichen Verkehr zwischen Unternehmen mit derjenigen gegenüber Verbrauchern nicht vergleichbar sind. Sie wird von den betroffenen, gewerblich oder freiberuflich Tätigen meist weniger als ein Eingriff in ihr informationelles Selbstbestimmungsrecht wahrgenommen als ein Eingriff in ihren eingerichteten und ausgeübten Gewerbebetrieb. Werbung, Markt- und Meinungsforschung verfolgen insoweit einen anderen Zweck als bei Verbrauchern. Bei gewerblich oder freiberuflich Tätigen erleichtert sie die Marktorientierung, z. B. hinsichtlich der Angebote und Preise von Wettbewerbern, und eröffnen so Marktchancen und Investitionsanreize, z. B. bei neuen Entwicklungen. Daher ist bei gewerblich oder freiberuflich Tätigen potentiell von einem größeren Interesse am Erhalt der mit der Werbung verbundenen Informationen auszugehen als allgemein bei Verbrauchern, die zueinander nicht in Konkurrenz stehen.

Vor dem Hintergrund des geringeren Interesses gewerblich oder freiberuflich Tätiger, die Herkunft auf ihre – in aller Regel allgemein zugängliche – Geschäftsadresse bezogene Werbung zurückzuverfolgen, hat der Gesetzgeber – anders als im Verbraucherbereich - von einer Kennzeichnung der Herkunft abgesehen.

Im eingangs genannten Beispiel ist der Erwerb der Adressen also unproblematisch datenschutzrechtlich zulässig.

c) Adressbroking bei Verbrauchern

BEISPIEL: Ein Unternehmen möchte mit einem Print-Werbemailing Verbraucher mit einem Angebot für Handyverträge bewerben. Es will aus diesem Grunde die listenmäßig zusammengefassten Daten eines Mobilfunkanbieters erwerben.

Im Verbraucherbereich wollte der Gesetzgeber das Listenprivileg im Rahmen der letzten Novellierung des BDSG im Jahr 2009 vollständig streichen. Im Ergebnis verblieb es aber bei der grundsätzlichen

Anwendbarkeit. Als Voraussetzung wurde jedoch in § 28 Abs. 2 S. 3 BDSG eine Speicherungs- und Kennzeichnungsverpflichtung aufgenommen:

§ 28 Abs. 3 S. 3 Hs. 2 BDSG „Datenerhebung und -speicherung für eigene Geschäftszwecke"

(3) [...]; in diesem Fall muss die Stelle, die die Daten erstmalig erhoben hat, aus der Werbung eindeutig hervorgehen.

Für Adressbroking mit Verbraucherdaten sind also zwei zusätzliche Voraussetzungen zu erfüllen: erstens muss die Weitergabe an Dritte nach § 34 Abs. 1 a S. 1 BDSG gespeichert werden und zweitens muss aus der Werbung selbst eindeutig hervorgehen, wer die Daten erstmalig erhoben hat.

Bei der Speicherpflicht ist insoweit zu beachten, dass die übermittelnde Stelle die Herkunft der Daten und den Empfänger für die Dauer von zwei Jahren nach der Übermittlung zu speichern hat. Diese Verpflichtung trifft auch den Empfänger der Daten.

Falls Daten von einem Adressbroker oder Dritten erworben werden, muss des weiteren aus der Werbung hervorgehen, wer die Daten erstmalig erhoben hat. Das Gesetz gibt keine ausdrückliche Formulierung vor, wie ein derartiger Hinweis auf dem Werbemittel aussehen muss. Denkbar sind aber beispielsweise die nachfolgenden Formulierungen:

Muster einer Formulierung auf Werbeschreiben

Alternative 1:
„Ihre hier verwendete Adresse wurde von XXXXXXXX (Name/Ort) erhoben"
Alternative 2:
„Verantwortlich im Sinne des Bundesdatenschutzgesetzes XXXXXXXX (Name/Ort)"

Im Ausgangsbeispiel ist ein Erwerb der Adressen bei dem Mobilfunkanbieter nur dann zulässig, wenn die oben genannten gesetzlichen Voraussetzungen erfüllt werden.

d) Spendenwerbung

Eine uneingeschränkte Privilegierung durch das Listenprivileg sieht der Gesetzgeber abschließend bei der Spendenwerbung vor: Nach § 28 Abs. 3 S. 2 Nr. 3 BDSG muss die Verwendung für Zwecke der Spendenwerbung einer verantwortlichen Stelle erfolgen, wenn Spenden an diese gemäß § 10b Absatz 1 und § 34g des Einkommensteuergesetzes steuerbegünstigt sind. Es handelt sich dabei um Werbung für gemeinnützige, mildtätige und kirchliche Zwecke nach den §§ 52 bis 54 der Abgabenordnung. Die Ausnahme ist beschränkt auf die Verwendung der Daten für Zwecke der Spendenwerbung. Die Regelung begünstigt, in Anlehnung an bestehende steuerliche Vergünstigungen, den finanziellen Fortbestand der Organisationen, in dem die werbliche Ansprache von Spendern erleichtert werden soll. Auch insoweit ist es ausreichend, dass der Betroffene Gebrauch von seinem Widerspruchsrecht nach § 28 Abs. 4 S. 1 BDSG machen kann. Im Hinblick auf das öffentliche Interesse, das an Empfängern steuerbegünstigter Spenden einerseits besteht und den erheblichen Aufwand, den eine Kennzeichnung andererseits mit sich bringen würde, hat sich der Gesetzgeber in diesem Bereich für einen Verzicht zur Kennzeichnung der Herkunft der Daten entschieden.

e) Widerspruchsrecht/Hinweispflicht

BEISPIEL: Ein Unternehmen möchte ein Werbemailing als Brief an alle Kunden versenden. Es stellt sich die Frage, welche datenschutzrechtlichen Hinweise immer aufgedruckt werden müssen?

Dem betroffenen Werbeempfänger steht immer ein Widerspruchsrecht zu, dass ihn auch vor einer ausufernden Verwendung seiner Daten beim Adressbroking schützen soll: § 28 Abs. 4 S. 1 BDSG räumt dem Betroffenen Datensubjekt zur Abwehr unerwünschter Werbung ein uneingeschränktes und vorbehaltsloses Widerspruchsrecht bezüglich der Verarbeitung und Nutzung seiner Daten zu Zwecken der Werbung oder Markt- und Meinungsforschung ein.

Dieses Widerspruchsrecht gilt unabhängig davon, ob die Werbung mit oder ohne die Einwilligung des Kunden erfolgte, d.h. eine entsprechende Einwilligung kann vom Kunden über den Widerspruch jederzeit widerrufen werden. Der Widerspruch ist formlos möglich, sollte aber zu Beweiszwecken in der Praxis zumindest elektronisch dokumentiert werden oder am besten schriftlich erfolgen.

Der Betroffene ist auf sein Widerspruchsrecht hinzuweisen.

§ 28 Abs. 4 S. 2 Hs. 1 BDSG „Datenerhebung und -speicherung für eigene Geschäftszwecke"

Der Betroffene ist bei der Ansprache zum Zweck der Werbung oder der Markt- oder Meinungsforschung und in den Fällen des Absatzes 1 Satz 1 Nummer 1 auch bei Begründung des rechtsgeschäftlichen oder rechtsgeschäftsähnlichen Schuldverhältnisses über die verantwortliche Stelle sowie über das Widerspruchsrecht nach Satz 1 zu unterrichten;

Diese Hinweisverpflichtung ist aus Praxissicht wichtig, da Datenschutzbehörenden in der Praxis diese Hinweisverpflichtung prüfen und bei Fehlen eines entsprechenden Hinweises rügen.

Der Hinweis ist auf alle personalisierten (d.h. nicht auf Postwurfsendungen) Werbeschreiben aufzunehmen.

Muster einer Hinweispflicht zum Widerspruchsrecht

Sie haben die Möglichkeit der Nutzung Ihrer Daten durch unsere Unternehmen zum Zweck der Werbung oder der Markt- oder Meinungsforschung jederzeit zu widersprechen.

f) Verträge mit Adressbrokern

Wegen der oben dargestellten gesetzlichen Besonderheiten, insbesondere der im Verbraucherbereich erforderlichen Speicher- und Dokumentationspflichten sollte bei der Weitergabe von Adressen in der Praxis ein schriftlicher Vertrag abgeschlossen werden, welcher auch die datenschutzrechtlichen Verantwortlichkeiten entsprechend dem BDSG klar regelt.

Muster eines Vertrags zum Adressbroking:

Vereinbarungen zum Adressbroking

Hiermit wird der Kunde berechtigt, unter Beachtung der Bestimmungen des Datenschutzgesetzes folgende Adressen zu im Rahmen einer einmaligen Vermietung zu Nutzen:

genau zu definieren!

(nachfolgend: Adressmaterial)

1. Präambel

Im Rahmen der Bestimmungen dieses Vertrages sollen Adressdaten des Listeigners im Rahmen einer definierten Werbeaktion überlassen werden. Die Überlassung erfolgt auf Grundlage der Bestimmungen des datenschutzrechtlichen Listenprivilegs.

2. Inhalt der Leistungen

a) Nutzung

Der Listeigner vermietet das Adressmaterial zur einmaligen Nutzung. Eine Weitergabe an den Kunden erfolgt nicht. Die Nutzung erfolgt durch den Versand beim Listeigner.

Am Adressmaterial besteht Datenbankurheberrechtsschutz gem. § 87 b UrhG. Das Adressmaterial darf daher nur in dem nachstehend vereinbarten Umfang genutzt werden. Der Kunde hat bei der Nutzung der überlassenen Adressdaten die gesetzlichen Bestimmungen des Datenschutzes, in eigener Verantwortung zu beachten.

b) Nutzungsrecht

Sofern keine abweichende Vereinbarung getroffen wurde, sind alle Adressen nur zur einmaligen Verwendung bestimmt. Jegliche von der vorhergehenden Regelung abweichende Weiterveräußerung oder Weitergabe zur Nutzung des Adressmaterials durch Dritte ist untersagt.

c) Zahlung

Für die Überlassung des Adressmaterials und die o.g. Rechtseinräumung leistet der Kunde an den Listeigner einen Betrag in Höhe von

EUR XXXX

Soweit nicht anderweitig vereinbart, sind sämtliche Zahlungen in Vorkasse zu leisten. Der vereinbarte Mietpreis in Höhe von zuzüglich gesetzlicher Umsatzsteuer gilt jeweils für eine einmalige Nutzung der Daten durch den Kunden. Basis für die Abrechnung ist nicht die gelieferte, sondern nur die tatsächlich eingesetzte Adressenstückzahl.

d) Datenschutzrechtliche Hinweispflichten

Der Kunde verpflichtet sich dazu, die gesetzlich vorgeschriebenen Hinweispflichten einzuhalten.

3. Adressmaterial

Der Adressbestand wird mit den oben genannten Selektionskriterien dem Kunden zur Verfügung gestellt. Die Adressbestände werden im Rechenzentrum des Listeigners verwaltet.

4. Allgemeine Bestimmungen

Änderungen und Ergänzungen dieser Vereinbarung bedürfen der Schriftform. Das Erfordernis der Schriftform kann nur durch eine schriftliche Vereinbarung beider Parteien aufgehoben werden.

Sollten die Bestimmungen dieser Vereinbarung oder einer ihrer Teile gegen zwingendes Gesetz verstoßen oder aus sonstigen Gründen rechtsunwirksam sein, so bleibt der übrige Teil der Vereinbarung rechtswirksam.

Beide Parteien verpflichten sich, die unwirksame Bestimmung durch eine den gesetzlichen Erfordernissen entsprechende Bestimmung zu ersetzen, mit der der wirtschaftliche Zweck der Vereinbarung bestmöglich erreicht wird.

Erfüllungsort und Gerichtsstand ist XX.

Auf einen Blick: Listbroking

- Bezieht sich ausschließlich auf die folgenden Daten:
    - Personengruppe
    - Berufsbezeichnung
    - Branchen- oder Geschäftsbezeichnung
    - Namen
    - Titel/akademischer Grad
    - Anschrift
    - Geburtsjahr.
- Der Verkauf oder Vermietung von E-Mail Adressen bedarf daher immer einer datenschutzrechtlichen Einwilligung, da diese nicht vom Listenprivileg erfasst werden.
- Gegenüber freiberuflichen und gewerblich Tätigen gilt das Listenprivileg dem Grunde nach uneingeschränkt.
- Beim Adressbroking mit Verbraucherdaten sind zusätzliche Speicher- und Hinweispflichten zu beachten.
- Dem Kunden steht nimmer ein Widerspruchsrecht zu.

4. Dienstleister und Agenturen

Gerade im Marketing- und Werbebereich ist es üblich, dass spezialisierte externe Dienstleister und Agenturen beauftragt werden. Da durch diese gleichzeitig oft Kundendaten verarbeitet oder eingesehen werden können, ist eine datenschutzrechtliche Verpflichtung dieser Dienstleister nach § 5 BDSG oder ein Vertrag zur Datenverarbeitung im Auftrag nach § 11 BDSG abzuschließen.

a) Verpflichtung auf das Datengeheimnis

Sofern der externe Dienstleister nicht im Sinne einer Funktionsübertragung tätig wird, muss eine Verpflichtung auf das Datengeheimnis erfolgen.

BEISPIELE:
- Freie Mitarbeiter in der Werbe-und Marketingabteilung
- Consultatnts
- SEO-Berater.

Muster einer Verpflichtung auf das Datengeheimnis bei externen Dienstleistern:

Verpflichtung auf das Datengeheimnis

Sehr geehrte/r Frau/Herr XXX,

im Rahmen Ihrer Tätigkeit als Consultant im Bereich Leadgenerierung und Leadmanagement werden Ihnen personenbezogene Kundendaten offengelegt. Sie werden hiermit darauf hingewiesen, dass es Ihnen untersagt ist, geschützte personenbezogene Daten unbefugt zu verarbeiten oder zu nutzen. Alle Ihnen zugänglich gemachten Kundendaten und sonstigen Personenbezogenen Daten sind streng vertraulich zu behandeln. Eine Weitergabe an Dritte ist nicht gestattet.

Aus § 5 BDSG ergibt sich für Sie die Verpflichtung, das Datengeheimnis zu wahren. Diese Verpflichtung bleibt auch im Falle einer Versetzung oder nach Beendigung der Beauftragung uneingeschränkt bestehen.

§ 5 BDSG lautet wie folgt:

Den bei der Datenverarbeitung beschäftigten Personen ist es untersagt, personenbezogene Daten unbefugt **zu erheben**, zu verarbeiten oder zu nutzen (Datengeheimnis). Diese Personen sind, soweit sie bei nicht-öffentlichen Stellen beschäftigt werden, bei der Aufnahme ihrer Tätigkeit auf das Datengeheimnis zu verpflichten. Das Datengeheimnis besteht auch nach Beendigung ihrer Tätigkeit fort.

Wir weisen Sie weiter darauf hin, dass Verstöße gegen das Datengeheimnis nach § 43 BDSG mit Bußgeld **und** nach § 44 BDSG mit Geld- und Freiheitsstrafe geahndet werden können. In der Verletzung des Datengeheimnisses kann zugleich die Nichterfüllung einer arbeitsrechtlichen Verpflichtung liegen.

Die Verpflichtung auf das Datengeheimnis gemäß § 5 des BDSG hat der Unterzeichner zur Kenntnis genommen.

(....), den (....)

(Unterschrift)

Eine Sonderproblematik besteht gerade bei größeren Unternehmen und externen Dienstleistern darin, dass oft sehr viele Berater aus einem Unternehmen beauftragt werden. Die gleiche Konstellation ergibt sich regelmäßig auch im EDV-Bereich.

BEISPIEL: Ein IT-Beratungsunternehmen überlässt im Rahmen eines größeren EDV-Projekts 10 Consultants an ein Unternehmen. Das Beratungsunternehmen will eine Erklärung nach § 5 BDSG nur für das gesamte Unternehmen einmal abgeben. Es soll nicht jeder einzelne Consultant nach § 5 BDSG verpflichtet werden.

Oftmals akzeptieren einzelne Mitarbeiter in dieser Konstellation nicht, eine zusätzliche Verpflichtung auf das Datengeheimnis zu unterzeichnen. Denn diese wurde (aus Sicht des überlassenen Mitarbeiters) bereits gegenüber dem eigenen Unternehmen abgegeben.

Insoweit besteht die von den Datenschutzbehörden im allgemeinen akzeptierte Praxis, dass das (überlassende) Unternehmen *insgesamt* auf das Datengeheimnis verpflichtet wird. Innerhalb dieser Erklärung muss dann aber die Verpflichtung aufgenommen werden, dass die betroffenen Mitarbeiter selbst bereits auf das Datengeheimnis nach § 5 BDSG verpflichtet worden sind.

Muster einer Klausel zur Verpflichtung eines Unternehmens:

Wir bestätigen hiermit ausdrücklich, dass die eingesetzten Mitarbeiter von unserem Unternehmen auf das Datengeheimnis nach § 5 BDSG verpflichtet wurden.

b) Datenauftragsverarbeitung

Konstellationen der Datenauftragsverarbeitung finden sich im Marketing- und Werbebereich sehr oft und in unterschiedlichen Konstellationen wieder.

BEISPIELE:
- Call-Center
- Letter-Shops
- E-Mail Versender
- Fax-Versender
- Leadgenerierung und Leadmanagement.

In all diesen Fällen sind die Grundsätze der Datenverarbeitung im Auftrag (S. V) zu beachten.

Auf einen Blick: Dienstleister und Agenturen

- Sofern personenbezogene Daten verarbeitet werden, sind externe Dienstleister entweder nach § 5 BDSG zu verpflichten oder es ist ein Vertrag nach § 11 abzuschließen.
- Bei Tätigkeiten, die nicht in einer reinen Verarbeitung von Daten nach Vorgabe (dann: Datenauftragsverarbeitung nach § 11 BDSG) erfolgen, hat eine Verpflichtungserklärung auf das Datengeheimnis zu erfolgen, § 5 BDSG.
- Bei der Überlassung mehrerer natürlicher Personen durch ein Unternehmen ist die Verpflichtung des Unternehmens ausreichend.
- Bei einer Funktionsübertragung ist ein Vertrag nach § 11 BDSG abzuschließen.

5. Web 2.0 und Social Media

Social Media und Web 2.0-Plattformen werfen völlig neue Datenschutzprobleme auf. Sofern im Folgenden von Social-Media Plattformen gesprochen wird, fallen hierunter Web-Angebote, deren maßgeblicher Content von den Nutzern selbst generiert wird.

a) Datenschutzniveau der jeweiligen Netzwerke

Das Datenschutzniveau der jeweiligen Social-Media-Netzwerke ist höchst unterschiedlich. Zur Anwendbarkeit des deutschen Datenschutzrechtes gelangt man unproblematisch dadurch, dass die personenbezogenen Daten der User zumindest auch in Deutschland verarbeitet werden, dies unmittelbar bei der Eingabe im lokalen Rechner.

BEISPIEL: Ein Unternehmen mit Sitz in Deutschland nutzt facebook zu Marketingzwecken.

Da die Userdaten in jedem Falle auch in Deutschland abgerufen werden können, unterliegt das Unternehmen hinsichtlich des Einsatzes in Deutschland den Regelungen des BDSG.

Der Prüfungsmaßstab der datenschutzrechtlichen Anforderungen bestimmt sich demnach (auch) nach deutschem Datenschutzrecht. Insbesondere wären hier von den Social-Media-Anbietern die folgenden datenschutzrechtlichen Anforderungen bei der Einwilligungserklärung von Usern zu beachten, deren Daten über das Netzwerk (z.B. über eine facebook App) generiert werden:

- Angabe darüber, welche personenbezogenen Daten verarbeitet werden, § 14, 15 TMG;

- Erfordernis der Einwilligung bei der Datenerhebung, § 12 Abs. 1 TMG;

- die derzeitige Möglichkeit eines Widerrufs der Einwilligung, § 13 Abs. 3 TMG;

- das Erfordernis der Einwilligung bei der Weitergabe von Daten, § 12 Abs. 2 TMG;

- die Einwilligung zur Verwendung der personenbezogenen Daten für Werbezwecke, § 15 Abs. 3 TMG;

- die datenschutzrechtliche Bedeutung von Cookies und die Möglichkeit ihrer Deaktivierung, § 12 TMG (EU-Richtlinie 2009/136 EG).

Unabhängig von der Frage der Generierung von Userdaten ist auch das Datenschutzniveau der Plattformen selbst sehr unterschiedlich. Legt man den deutschen Standard des BDSG hinsichtlich der datenschutzrechtlichen Einwilligung bei der Registrierung an, ergibt sich das folgende, sehr heterogene Bild:

Datenschutzkonform in oben bezeichnetem Sinne sind u. a. die Einwilligungserklärungen der folgenden Anbieter:

- StudiVZ
- SchülerVZ
- XING
- Amazon.

Die deutschen Datenschutzbestimmungen werden nicht gesetzeskonform umgesetzt u. a. von:

- facebook
- Twitter und
- YouTube.

b) Datenschutzrechtliche Aspekte im Unternehmen

Systematisch ergeben sich bei Social-Media-Plattformen aus datenschutzrechtlicher Sicht zwei unterschiedliche Problemkreise:

- der Datenschutz beim Einsatz als Marketinginstrument (z.B. facebook-Unternehmensseite);

- datenschutzrechtliche Probleme bei der Nutzung von Social-Media durch Mitarbeiter.

Sofern ein Unternehmen eine Social-Media-Plattform betreibt, gelten auch hier die deutschen datenschutzrechtlichen Bestimmungen des TMG und BDSG (s.o.). Sofern Nutzerdaten über die Plattform generiert werden (z. B. durch eine facebook App), ist aus diesem Grunde sicherzustellen, dass eine ausreichende datenschutzrechtliche Einwilligung nach § 4 a BDSG vom User eingeholt wird.

Auch ist bei einer Social-Media-Unternehmensseite zu beachten, dass die Regelung für den Einsatz von Cookies beachtet werden.

Im Ergebnis gelten also auch bei Social-Media-Seiten, die zur Unternehmenskommunikation genutzt werden, keine andere datenschutzrechtlichen Voraussetzungen und Regelungen als bei einer traditionellen Internetseite. In einer aktuellen Entscheidung hat das LG Aschaffenburg auch ausdrücklich entschieden, dass eine unternehmenseigene facebook Seite ein Impressum nach § 5 TMG besitzen muss (LG Aschaffenburg, Urteil vom 19. August 2011, 2 HK O 54/11).

Wesentlich problematischer sind die datenschutzrechtlichen Barrieren bei der Überwachung der Mitarbeiter beim unternehmensinterne Einsatz von Social-Media. Während bei der rein technischen Überwachung der Nutzung und des zeitlichen Nutzungsverhaltens die allgemeinen Grundsätze zur Internetnutzung anzuwenden sind, besteht ein neues Problem darin, den vom User generierten Content zu überwachen:

BEISPIEL: Ein Mitarbeiter eines Automobilzulieferers postet in facebook Bildmaterial, auf dem Prototypen neuer Automobile zu erkennen sind, welche ein strenges Betriebsgeheimnis darstellen.

Der Bereich Social-Media besitzt ein erhebliches Schadenspotential für das Unternehmen, weil Mitarbeiter sich über das Unternehmen negativ verbal äußern können oder (wie im Beispiel) Bildmaterial posten können, welches dem Unternehmen schadet.

Aus diesem Grunde stellt sich zunächst die Frage, ob und inwieweit Mitarbeiter eines Unternehmens zielgerichtet in Social-Media Anwendungen überwacht werden dürfen und können:

Datenschutzrechtlich unzulässig wäre in jedem Falle eine gezielte Überprüfung und Recherche nach einzelnen Mitarbeitern. Ein solches Negativbeispiel wäre auch das Registrieren unter einem falschen Nutzerprofil, um eigene Mitarbeiter in einem sozialen Netzwerk auszuspähen.

Zulässig hingegen ist, eine allgemeine Unternehmensrecherche im Internet, welche auch den Bereich Social-Media umfasst:

> **BEISPIEL:** Ein Unternehmen recherchiert regelmäßig zu Marken- und Urheberrechtsverletzungen im Internet. Dies geschieht ausdrücklich unter dem Firmennamen. Hierbei generierte Ergebnisse einzelner Mitarbeiter, die sich in rechtwidriger Weise über das Unternehmen äußern, können zivilrechtlich und strafrechtlich verarbeitet werden. Datenschutzrechtliche Bedenken bestehen insoweit nicht.

c) Social Media Policy

Wegen der oben dargestellten Risiken empfiehlt es sich dringend, im Unternehmen eine Social-Media-Policy zu etablieren. Diese kann entweder als

– Anhang zum Arbeitsvertrag,

– allgemeine Betriebsanweisung oder

– Betriebsvereinbarung erfolgen.

Inhaltlich sollten die nachfolgenden Punkte beachtet werden:

Checkliste: Social Media Policy	
Regelungsinhalt	**Beispiele**
Anwendungsbereich technisch	☐ User generated content/shared content. ☐ Insbesondere, aber nicht ausschließlich: Blogs, Foren, Facebook, Youtube, LinkedIn, Twitter, wikis und chatrooms.
Anwendungsbereich persönlich	☐ Jede Veröffentlichung über oder in Zusammenhang mit dem Arbeitgeber oder einer Tochtergesellschaft des Arbeitgebers, insbesondere unter der Nennung des Firmennamens. ☐ Beachtung der Internet- und E-Mail-Policy

Inhalte	☐ Zu bedenken: globale Reichweite und unbeschränkte Speicherdauer
	☐ Eigenverantwortlichkeit für Handlungen
	☐ Nicht gestattet sind:
	    ☐ jegliche Art von herabsetzenden,
	    ☐ irreführenden,
	    ☐ diffamierenden,

Checkliste: Social Media Policy	
Regelungsinhalt	**Beispiele**
	☐ inhaltlich falschen, ☐ der Geheimhaltung unterliegende ☐ betriebliche Interna betreffende ☐ Äußerungen oder Inhalte über den Arbeitgeber, Kunden, Dienstleister, Freunde und/oder Kollegen ☐ Keine Äußerungen in Social-Media-Kanälen, welche nicht auch „am Mittagstisch" guten Gewissens geäußert werden können. ☐ Formulierung stets respektvoll, höflich und sachlich ☐ Private Meinungen über den Arbeitgeber stets in der „Ich"-Form. Offizielle Statements werden nur von autorisierten Mitarbeitern veröffentlicht. Hinweis, dass es sich um die private Meinung handelt. ☐ Beachtung des Verhaltenskodexes. ☐ Private Daten, insbesondere von Dritten, sind zu schützen. ☐ Es dürfen keine unbegründeten Behauptungen zu Funktionen, Leistungen, o.ä. aufgestellt werden. Ggf. sind vorher Informationen einzuholen.
Bildmaterial	☐ Keine Gestattung der Veröffentlichung von jeglichem Bildmaterial, welches ☐ Arbeitsstätten (innen und außen) ☐ Arbeitsunterlagen ☐ Produkte ☐ oder Teile hiervon zeigt, auf Social-Media-Kanälen. ☐ Logos, Markensymbole und/oder sonstige geschützten Wort-, Bild- oder Tonbeiträge über das Unternehmen dürfen auf Social-Media-Kanälen nur von dazu autorisierten Mitarbeitern verwendet werden. ☐ Urheberrechte Dritter sind zu achten.
Schutz vor Angriffen	☐ Es ist die IT-Security-Policy zu beachten. ☐ Erhöhte Vorsicht bei der Nutzung von Social-Media-Kanälen wegen erhöhtem Risiko
Informationspflicht	☐ Wenn nötig Kontakt zur Pressestelle zu suchen. ☐ Bei Kenntnis über einen Verstoß gegen die Social Media Policy ist der zuständige Vorgesetzte zu informieren.

6. Praxischeckliste

Marketing und Werbung	
Prüfpunkt:	**Bei positiver Beantwortung im Detail zu prüfen:**
Kunden- und Interessentendaten	☐ Welche Daten werden von Interessenten erhoben ☐ Welche Daten werden von Kunden erhoben ☐ Werden Interessenten hinsichtlich des Nutzungsumfangs der Datenverarbeitung unterrichtet ☐ Werden Kunden hinsichtlich des Nutzungsumfangs der Datenverarbeitung unterrichtet
CRM	☐ Werden Nutzungsprofile von Kunden erstellt ☐ In welchem Umfang und zu welchem Zweck erfolgt die Erstellung von Nutzungsprofilen ☐ Wird ein CRM System betrieben ☐ Welche Funktionen enthält dieses CRM System
Internet Auftritt (allgemein)	☐ Impressumspflichten beachtet gem. § 5 TMG ☐ Datenschutzhinweis erfolgt
Online Marketing	☐ Erfolgt die Leadgenerierung online ☐ Liegt eine ausreichende datenschutzrechtliche Einwilligung vor ☐ Wird das datenschutzrechtliche Koppelungsverbot beachtet ☐ Liegt eine wirksame wettbewerbsrechtliche Einwilligung vor ☐ Wird die Einwilligung als Confirmed Opt-In erteilt
User Analyse	☐ Werden Online Nutzungsprofile der User erstellt ☐ Welches Software Tool wird hierbei eingesetzt
Adressbroking	☐ Findet Adressbroking (aktiv oder passiv) statt ☐ Welche Form von Daten wird im Rahmen des Adressbroking gehandelt ☐ Erfolgt Adressbroking im Verbraucherbereich statt ☐ Erfolgt Adressbroking im business to business Bereich ☐ Erfolgt Spendenwerbung ☐ Enthalten die Verträge mit Adressbrokern die wesentlichen Regelungspunkte
Widerspruchsrechte	☐ Erfolgt ein ausreichender Hinweis auf das datenschutzrechtliche Widerspruchsrecht nach § 28 Abs. 4 S. 1 BDSG
Dienstleister und Agenturen	☐ Werden Dienstleister auf das Datengeheimnis verpflichtet nach § 5 BDSG ☐ Werden (soweit erforderlich) die Grundsätze der Datenverarbeitung im Auftrag beachtet

5. Kapitel

Datenverarbeitung im Auftrag

1. Überblick

Wie einleitend erläutert, ist die Verarbeitung personenbezogener Daten zulässig, wenn entweder eine Einwilligung des Datensubjekts oder (alternativ) ein gesetzlicher Ausnahmetatbestand vorliegt. Ein in der Praxis sehr wichtiger gesetzlicher Ausnahmetatbestand stellt § 11 BDSG, die sogenannte Datenverarbeitung im Auftrag oder auch Datenauftragverarbeitung dar.

Diese Vorschrift ist immer dann anwendbar, wenn ein Dritter *„im Auftrag"* Daten für ein Unternehmen verarbeitet.

Typische BEISPIELE für die Datenverarbeitung im Auftrag:
– Durchführung der Lohnbuchhaltung durch eine Drittes Unternehmen
– Durchführung von Werbeleistungen (z.B. Lettershops, Telefonmarketing) durch ein Drittes Unternehmen
– Durchführung von Aktenvernichtung durch ein Drittes Unternehmen
– Outsourcing von CRM Systemen
– Einsatz von ASP Anbietern (Application Service Providern), die personenbezogene Daten verarbeiten.

Für die Praxis ist die Datenverarbeitung im Auftrag aus drei Gründen besonders wichtig:

Erstens: Es gibt so gut wie kein Unternehmen, welches nicht von der Vorschrift betroffen ist. Konstellationen der Datenverarbeitung im Auftrag finden sich in nahezu allen Unternehmen, unabhängig von der Unternehmensgröße.

Zweitens: Die gesetzlichen Anforderungen sind hoch. § 11 BDSG gibt sehr detaillierte Kriterien vor, welche Voraussetzungen auf vertraglicher Seite erfüllt sein müssen und welche technischen organisatorischen Maßnahmen im Vorfeld abgeprüft werden müssen. In der Praxis werden diese gesetzlichen Anforderungen oftmals nur teilweise und nicht vollständig umgesetzt.

Drittens: Der Gesetzgeber hat einen Verstoß gegen § 11 BDSG seit der letzten Datenschutzreform Ende 2009 mit einem Bußgeld von bis zu 50.000 EUR bewehrt, § 43 Abs. 1 S. 2 b) BDSG. Da ein Verstoß gegen die Bestimmungen der Datenverarbeitung im Auftrag bei behördlichen Prüfungen einer der Punkte ist, welcher am häufigsten gerügt wird, besteht insoweit auch ein Bußgeldrisiko aus Praxissicht.

2. Definition/Vorliegen der Datenverarbeitung im Auftrag

§ 11 BDSG ist anwendbar, wenn personenbezogene Daten *„im Auftrag durch andere Stellen erhoben, verarbeitet oder genutzt werden"*. Das bedeutet, das beauftragte Drittunternehmen muss als *„verlängerter Arm"* der beauftragenden Stelle dienen. Das Unternehmen, welches den Auftrag erteilt, bleibt immer selbst *„Herrin der Daten"*. Das BDSG sieht in § 11 BDSG in diesen Fällen das beauftragende Unternehmen und das Serviceunternehmen als eine Einheit an. Die beauftragten Serviceunternehmen haben also keine Hoheit über die Daten und daher auch keinerlei eigenen, inhaltlichen, Korrekturrechte. Das Datensubjekt muss seine Auskunfts- und Korrekturrechte im Regelfall unmittelbar gegenüber dem Auftraggeber geltend machen. Der Auftragnehmer liefert lediglich die tatsächliche technische Ausführung der Datenverarbeitung.

> **BEISPIEL:** Ein Unternehmen A lässt seine Newsletter über den Dritt-
> dienstleister B versenden.
> A: Auftraggeber
> B: Datenverarbeiter im Auftrag/Auftragnehmer
> Unternehmen A trifft als Auftraggeber die Verpflichtung einen Vertrag
> zur Datenverarbeitung im Auftrag abzuschließen.

Eine Datenverarbeitung im Auftrag liegt nicht vor bei einer so genannten Funktionsübertragung: Das ist der Fall, wenn dem beauftragten Unternehmen eine eigene rechtliche Zuständigkeit bei
der Verarbeitung der personenbezogenen Daten zugewiesen wird.
In diesem Fall wird die *Aufgabe*, zu deren Erfüllung die Verarbeitung der personenbezogenen Daten erforderlich ist, mit übertragen.

Die Beurteilung, ob eine Datenverarbeitung im Auftrag oder eine
Funktionsübertragung erfolgt, kann nur an einer gewissenhaften
Prüfung und Beurteilung im Einzelfall geführt werden. Kriterien für
eine derartige Beurteilung sind jeweils:

Beurteilungskriterien	
Indizien § 11 BDSG	**Indizien Funktionsübertragung**
Auftraggeber hat Entscheidungsbefugnis	Auftraggeber delegiert Entscheidungs-befugnisse
Auftragnehmer lediglich für technische Ausführung verantwortlich	Auftragnehmer auch inhaltlich verantwort-lich
Hoheit der Daten beim Auftraggeber	Hoheit der Daten (auch) beim Auftrag-nehmer
Auftragnehmer hat keinerlei inhaltlichen Bewertungs- und Ermessensspielraum	Auftragnehmer hat eigenen inhaltlichen Bewertungs- und Ermessensspielraum
Auftrag konkret definiert	Auftrag offen definiert, d.h. es wird eigener Entscheidungsspielraum eingeräumt
Keine eigenständigen Befugnisse des Auftragnehmers	Auftragnehmer werden eigenständige Befugnisse eingeräumt

In der Praxis muss also immer im Rahmen einer Gesamtschau ge-
klärt werden, ob ein Fall der Datenverarbeitung im Auftrag vorliegt

oder nicht. Falls dies nicht der Fall sein sollte, ist im Regelfall zwar kein Vertrag nach § 11 BDSG erforderlich, jedoch eine Verpflichtung auf das Datengeheimnis nach § 5 BDSG.

3. Rechtsfolgen

Falls die Übertragung einer Dienstleistung auf ein drittes Unternehmen als Datenverarbeitung im Auftrag zu qualifizieren ist, hat das beauftragende Unternehmen insbesondere die folgenden gesetzlichen Vorgaben zu beachten:

- Überprüfung der technischen organisatorischen Maßnahmen des Subunternehmers.
- Umsetzung der vertraglichen Standards des § 11 BDSG.

a) Überprüfung der technischen organisatorischen Maßnahmen

aa) Erstauswahl

Das Gesetz gibt in § 11 Abs. 2 S.1 BDSG vor, dass der Auftraggeber den Auftragnehmer sorgfältig auszuwählen hat. Bereits bei dieser Erstauswahl sind die technisch organisatorischen Maßnahmen des Auftragnehmers zu berücksichtigen:

§ 11 Abs. 2 S. 1 BDSG „Erhebung, Verarbeitung oder Nutzung personenbezogener Daten im Auftrag"

(2) Der Auftragnehmer ist unter besonderer Berücksichtigung der Eignung der von ihm getroffenen technischen und organisatorischen Maßnahmen sorgfältig auszuwählen.

Das bedeutet in der Praxis: Der Auftraggeber muss bei den einzuholenden Angeboten bereits den Bereich der Datensicherheit berücksichtigen und nachweisbar in seine Auswahlentscheidung einfließen lassen. Welche Standards insoweit erfüllt werden müssen, hängt von der Art des erteilten Auftrags und auch den übermittelten

Daten ab. Denn das Outsourcing eines Rechenzentrums eines Konzerns hat beispielsweise ganz andere Anforderungen als die Übertragung der Lohnbuchhaltung einer fünf Mann Firma.

Es gilt der Grundsatz, dass der Auftragnehmer die gleichen Standards hinsichtlich der Datensicherungsmaßnahmen einhalten muss, wie es der Auftraggeber machen müsste, wenn er selbst die Daten verarbeiten würde.

bb) Erstkontrolle/Vorabkontrolle

§ 11 BDSG privilegiert den Auftraggeber, weil er keine Einwilligung des Datensubjekt zur Weitergabe der Daten erfordert. Der Gesetzgeber will als Ausgleich zu dieser Privilegierung aber sicherstellen, dass die personenbezogenen Daten nur ein an vertrauenswürdiges Unternehmen weitergegeben werden, welches seinerseits die technisch-organisatorischen Maßnahmen nach § 9 BDSG erfüllt. Es soll also sichergestellt werden, dass die personenbezogenen Daten nur in „gute Hände" gelangen.

> **§ 11 Abs. 2 S. 4, 5 BDSG „Erhebung, Verarbeitung oder Nutzung personenbezogener Daten im Auftrag"**
>
> (3) [...] Der Auftraggeber hat sich vor Beginn der Datenverarbeitung und sodann regelmäßig von der Einhaltung der beim Auftragnehmer getroffenen technischen und organisatorischen Maßnahmen zu überzeugen. Das Ergebnis ist zu dokumentieren.

Eine Verletzung dieser Pflicht ist bußgeldbewehrt (§ 43 Abs. 1 S. 2 b) BDSG) und wird in der Prüfungspraxis der Datenschutzbehörden bei Datenschutzprüfungen von Unternehmen oft gerügt. Es ist deshalb in der Praxis besonders wichtig, diesen Punkt sorgfältig und gewissenhaft zu erfüllen und zu dokumentieren.

Inhaltlich bestimmen sich die beim Auftragnehmer erforderlichen technisch-organisatorischen Maßnahmen nach § 9 BDSG und dem Anhang zu § 9 BDSG. Fraglich ist insoweit, wie der Auftraggeber in der Praxis seiner Überprüfungspflicht nachkommen kann: Denn eine eigene Inaugenscheinnahme vor Ort ist im Regelfall nicht nur aufwandig, sondern scheitert oft auch an der technischen Fachkompetenz des Auftraggebers. Hinzu kommt: Oft befürchtet der Auftragnehmer auch, dass er durch eine vor Ort Prüfung seiner IT-Infrastruktur hiermit in Zusammenhang stehende Betriebsgeheimnisse preisgibt.

Im Gesetzestext lässt der Gesetzgeber ausdrücklich offen, in welcher Form eine Überprüfung der technisch-organisatorischen Maßnahmen durchzuführen ist. Aus der Begründung zum Gesetzentwurf ergibt sich aber eindeutig, dass eine persönliche Inaugenscheinnahme oder eine vor Ort Prüfung des Betriebes des Auftragnehmers nicht zwingend erforderlich ist (vgl. Bundestag Drucksache 16/13657, Seite 29 ff.).

In der Praxis sind daher die nachfolgenden Maßnahmen für eine Überprüfung ausreichend:

- Beauftragung von Sachverständigen, die ein Vor-Ort Prüfung durchführen.

- Zertifikate/Bestätigungen des Auftragnehmers durch Sachverständige Dritte (z.B. durchgeführte Datenschutzaudits) oder den Datenschutzbeauftragten.

- Schriftliche Bestätigung des Datenschutzbeauftragten oder Geschäftführers, dass die technisch-organisatorischen Maßnahmen erfüllt sind.

Die Erstkontrolle ist in ausreichender Form zu dokumentieren, § 11 Abs. 2, S.5 BDSG. Der Gesetzgeber hat zwar eine Kontrollverpflichtung für den Auftraggeber vorgesehen, aber keinerlei Einzelheiten gesetzlich verankert, wie diese durchzuführen sind. Daher ist es ratsam, im entsprechenden Vertrag zu § 11 BDSG eine Regelung hierzu aufzunehmen. Der Datenschutzbeauftragte sollte bei dem Prozess der Auswahl des Auftragnehmers und dem Abschluss des entsprechenden Vertrages nach § 11 BDSG in jedem Falle beteiligt werden.

cc) Regelmäßige Kontrolle

Die oben dargestellte Kontrolle muss regelmäßig durchgeführt werden, wobei § 11 BDSG auch hier offen lässt, welche Intervalle tatsächlich einzuhalten sind. In der Praxis der Aufsichtsbehörden wird ein Prüfungsintervall von einem Jahr üblicherweise als ausreichend angesehen. Hiervon abweichende kürzere Prüfungszeiträume sind nur dann einzuhalten, wenn es sich um besonders komplexe Datenverarbeitungsaufgaben handelt, welche die Verarbeitung von besonderen Arten von Daten im Sinne des § 3 Abs. 9 BDSG zum Gegenstand haben (z.B. die Verarbeitung von Daten zu rassischer und ethnischer Herkunft, politischen Meinungen, religiösen oder philosophischen Überzeugungen, Gewerkschaftszugehörigkeit, Gesundheit oder Sexualleben).

b) Vertragsinhalte

Der Vertrag mit dem Subunternehmer ist schriftlich abzuschließen. Darüber hinaus müssen nach § 11 BDSG noch zwingend die nachfolgenden Vertragsinhalte aufgenommen werden:

Vertragsinhalte:

- der Gegenstand und die Dauer des Auftrags,
- der Umfang, die Art und der Zweck der vorgesehenen Erhebung, Verarbeitung oder Nutzung von Daten, die Art der Daten und der Kreis der Betroffenen,
- die nach § 9 BDSG zu treffenden technischen und organisatorischen Maßnahmen,
- die Berichtigung, Löschung und Sperrung von Daten,
- die nach § 11 Abs. 4 BDSG bestehenden Pflichten des Auftragnehmers, insbesondere die von ihm vorzunehmenden Kontrollen,
- die etwaige Berechtigung zur Begründung von Unterauftragsverhältnissen,
- die Kontrollrechte des Auftraggebers und die entsprechenden Duldungs- und Mitwirkungspflichten des Auftragnehmers,
- mitzuteilende Verstöße des Auftragnehmers oder der bei ihm beschäftigten Personen gegen Vorschriften zum Schutz personenbezogener Daten oder gegen die im Auftrag getroffenen Festlegungen,
- der Umfang der Weisungsbefugnisse, die sich der Auftraggeber gegenüber dem Auftragnehmer vorbehält,
- die Rückgabe überlassener Datenträger und die Löschung beim Auftragnehmer gespeicherter Daten nach Beendigung des Auftrags.

In der Praxis ist es ratsam, die gesetzlichen Vorgaben zur Datenverarbeitung im Auftrag als Anlage zum Hauptvertrag umzusetzen. Ein Verstoß gegen die vorgenannte Verpflichtung, die oben genannten Punkte im Vertrag aufzunehmen, begründet bereits einen Bußgeldtatbestand.

4. Auslandsbezug

a) Systematik

Sehr oft findet die Datenverarbeitung im Auftrag mit Auslandsbezug statt. Hier ist es sehr wichtig, die datenschutzrechtlichen Grundzüge und Systematik zu beachten, um eine datenschutzkonforme Verarbeitung sicherzustellen:

> **BEISPIEL:** Ein Unternehmen möchte sein Rechenzentrum outsourcen. Das Unternehmen hat verstanden, dass es sich um eine Datenverarbeitung im Auftrag handelt, möchte aber wissen, welche Besonderheiten bestehen, wenn dies in den Ländern
> – Frankreich,
> – Schweiz,
> – Russland oder
> – USA
> geschieht.

Ausgangspunkt aller Überlegungen bei der Datenverarbeitung im Auftrag mit Auslandsbezug ist, dass im jeweiligen Staat in dem die Daten verarbeitet werden sollen, ein *angemessenes Datenschutzniveau* bestehen muss. Gesetzlich ist dieser Grundsatz in der EG-Datenschutzrichtlinie und § 4 b Abs. 2 S. 2 BDSG verankert. Ein Datentransfer in das jeweilige Drittland wäre bei Fehlen dieses Datenschutzniveaus datenschutzrechtlich unzulässig. Die nachfolgenden Grundsätze gelten für jede Übertragung von personenbezogenen Daten in das Ausland.

b) Kein Drittland (Beispiel Frankreich)

Da es sich um eine europäische Harmonisierung aufgrund einer EU-Richtlinie handelt, gelten dabei alle „EU-Staaten" *nicht* als Drittland. Das oben dargestellte *angemessene Datenschutzniveau* ist mit Bezug auf die Internationalität des Datentransfers also irrelevant und nicht zu prüfen.

Gesetzlich ergibt sich diese Vereinfachung beim Datentransfer innerhalb der EU unmittelbar aus § 4 b Abs. 1 BDSG für die nachfolgenden Staaten:

- in allen Mitgliedstaaten der Europäischen Union,

- in den Vertragsstaaten des Abkommens über den Europäischen Wirtschaftsraum. Das sind zusätzlich Norwegen, Liechtenstein und Island.

Im Ausgangsfall ist eine Datenübermittlung nach *Frankreich* also von der oben dargestellten Privilegierung erfasst. Frankreich ist kein Drittland. Es sind lediglich die nationalen Vorschriften anzuwenden, ohne dass es einer zusätzlichen datenschutzrechtlichen Prüfung des internatonalen Bezugs bedarf.

c) Drittland mit angemessenem Datenschutzniveau (Beispiel Schweiz)

Fällt ein Land, in das Daten übertragen werden sollen, nicht unter die oben dargestellte europäische Privilegierung, handelt es sich um ein so genanntes *Drittland*. Insoweit muss für die jeweiligen Drittländer ein angemessenes Datenschutzniveau bestehen.

Die Beurteilung obliegt insoweit nach den gesetzlichen Bestimmungen der §§ 4 b, 4 c BDSG der EU-Kommission. Diese hat wiederum für die nachfolgenden Staaten ein ausreichendes Datenschutzniveau verbindlich festgestellt:

- Argentinien

- Australien

- Guernsey

- Isle of Man
- Jersey
- Kanada
- Schweiz.

Da ein angemessenes Datenschutzniveau festegestellt wurde, ist die Übermittlung in die oben genannten Länder datenschutzrechtlich ohne zusätzliche Maßnahmen aufgrund des internationalen Bezugs möglich.

Im Beispielsfall betrifft dies die Datenübermittlung in die Schweiz.

d) Sonderfall USA

Die USA weisen nach Ansicht der EU-Kommission grundsätzlich *kein* gleiches Datenschutzniveau wie die europäische Union oder die vorgenannten Drittstaaten auf.

Ein solches ausreichendes Schutzniveau soll aber dennoch vorliegen, wenn die das Unternehmen, auf welches die Daten übertragen werden sollen, nach den so genannten Safe Harbour Principles selbst verpflichtet hat. Es handelt sich hierbei vereinfacht gesagt um den Beitritt zu einer Selbstverpflichtung gewisser datenschutzrechtlicher Standards, welches das Unternehmen einhalten muss. Die Registrierung des betreffenden Unternehmens erfolgt bei der Federal Trade Commission.

Im Ausgangsfall wäre also eine Datenübermittlung in die USA dann unproblematisch möglich, wenn das Unternehmen dem Safe Harbour Abkommen beigetreten ist und dieses auch gegenüber dem deutschen Unternehmen nachgewiesen werden kann.

e) Drittland ohne angemessenes Datenschutzniveau (Beispiel Russland)

In allen anderen Fällen handelt es sich um so genannte Drittländer. Eine Übertragung personenbezogener Daten in diese Drittländer richtet sich nach § 4 c Abs. 1 BDSG:

§ 4c Abs. 1 BDSG „Ausnahmen"

(1) Im Rahmen von Tätigkeiten, die ganz oder teilweise in den Anwendungsbereich des Rechts der Europäischen Gemeinschaften fallen, ist eine Übermittlung personenbezogener Daten an andere als die in § 4b Abs. 1 genannten Stellen, auch wenn bei ihnen ein angemessenes Datenschutzniveau nicht gewährleistet ist, zulässig, sofern

1. der Betroffene seine Einwilligung gegeben hat,
2. die Übermittlung für die Erfüllung eines Vertrags zwischen dem Betroffenen und der verantwortlichen Stelle oder zur Durchführung von vorvertraglichen Maßnahmen, die auf Veranlassung des Betroffenen getroffen worden sind, erforderlich ist,
3. die Übermittlung zum Abschluss oder zur Erfüllung eines Vertrags erforderlich ist, der im Interesse des Betroffenen von der verantwortlichen Stelle mit einem Dritten geschlossen wurde oder geschlossen werden soll,
4. die Übermittlung für die Wahrung eines wichtigen öffentlichen Interesses oder zur Geltendmachung, Ausübung oder Verteidigung von Rechtsansprüchen vor Gericht erforderlich ist,
5. die Übermittlung für die Wahrung lebenswichtiger Interessen des Betroffenen erforderlich ist oder
6. die Übermittlung aus einem Register erfolgt, das zur Information der Öffentlichkeit bestimmt ist und entweder der gesamten Öffentlichkeit oder allen Personen, die ein berechtigtes Interesse nachweisen können, zur Einsichtnahme offen steht, soweit die gesetzlichen Voraussetzungen im Einzelfall gegeben sind.

[...]

Es ist insoweit ausreichend, wenn lediglich eine der oben genannten Ausnahmen vorliegt. In der Praxis ist dies aber meist nicht der Fall.

Im Ausgangsbeispiel wäre damit eine Datenübermittlung nach Russland datenschutzrechtlich nicht zulässig, weil keine der oben dargestellten Ausnahmen vorliegt.

f) EU-Standardvertragsklausel

Neben den oben genannten Ausnahmen ist eine Übertragung von Daten in Drittländer möglich, wenn eine so genannte EU-Standardvertragsklausel verwendet wird. Dies ergibt sich unmittelbar aus § 4 c Abs. 2 BDSG.

Um den internationalen Datentransfer auf der einen Seite zu ermöglichen und gleichzeitig auf der anderen Seite ein hohes Datenschutzniveau auch bei Drittstaaten aufrecht zu erhalten, soll das betreffende Unternehmen datenschutzrechtlich auf hohem Niveau verpflichtet werden.

Damit dies einheitlich und auch entsprechend der gesetzlichen Vorgaben erfolgt, muss die so genannte EU-Standardvertragklausel verwendet werden. Es handelt sich um ein umfangreiches Vertragswerk, welches im Internet frei verfügbar und abrufbar ist.

g) Überblick:

Datentransfer in das Ausland	
Länder	**Regelung**
EU-Mitgliedstaaten	Datentransfer ohne Probleme zulässig
EWR-Staaten: Norwegen, Liechtenstein und Island.	
■ Argentinien ■ Australien ■ Guernsey ■ Isle of Man ■ Jersey ■ Kanada ■ Schweiz	Angemessenes Datenschutzniveau wurde von der EU-Kommission bestätigt Datentransfer ohne Probleme zulässig
USA	Mit Safe Harbour Zertifizierung: Datentransfer ohne Probleme zulässig
	Ohne Safe Harbour Zertifizierung: USA werden Drittland gleichgestellt
Drittländer	Entweder: Ausnahme nach § 4 c Abs. 1 BDSG
	Oder: Verwendung der s.g. EU-Standardvertragklausel

5. Cloud-Computing

a) Technische Hintergründe und Begriffsdefinition

Cloud-Computing bezeichnet das Anbieten einer virtuellen Dienstleistung im Bereich des Hosting, d. h. für Rechen- und Speicherressourcen. Am einfachsten lässt sich das Modell historisch beschreiben: Während man früher traditionell einen Server selbst im eigenen Betrieb hatte (im Serverraum), etablierten sich in den letzten ca. 15 Jahren immer mehr Service-Provider am Markt, welche professionelles Hosting anboten. Ein eigener Server war deshalb für viele Unternehmen nicht mehr erforderlich. Cloud-Computing geht an dieser Stelle einen Schritt weiter: Teilnehmer sind hier der Cloud-Service-Provider (oft als "CSP" bezeichnet) sowie der Endkunde, welcher auch in dieser neuen Konstellation eine effiziente Lösung für Rechen- und Speicherressourcen sucht. Der Unterschied zum traditionellen Hosting liegt darin, dass der CSP in der Wahl seiner "Subunternehmer" frei ist, d. h. er ist berechtigt dazu, die Daten in verschiedenen, im Regelfall nicht benannten Rechenzentren (der "Cloud") zu hosten. Die Abrechnung erfolgt im Regelfall nutzungsabhängig. Wesentliche Vorteile des Cloud-Computings für den Kunden sind deshalb:

- Flexibilität und
- Skalierbarkeit.

Der Kunde ist bei einem CSP nicht – wie im traditionellen Hosting-Modell – an bestimmte Kapazitäten und Abnahmemengen gebunden, sondern kann flexibel sein Datenvolumen erhöhen. Dieses Datenvolumen wird dann vom CSP an die von ihm untergemieteten Rechen- und Speicherressourcen (der "Cloud") weitergegeben. Im Ergebnis bieten sich dem Unternehmer somit flexiblere und ökonomischere Gestaltungsmöglichkeiten im Bereich der Rechen- und Speicherressourcen.

b) Datenschutzrechtliche Bewertung

Da im Rahmen des Cloud-Computing regelmäßig Daten an einen externen Dienstleister zur Verarbeitung überlassen werden, handelt es sich beim Cloud-Computing nach weit überwiegender Auffassung um einen Fall der Datenverarbeitung im Auftrag. Insoweit ist § 11 BDSG anwendbar.

Dies kann je nach technischer Ausgestaltung des Cloud-Computing in der Praxis zu Problemen führen:

Zunächst müsste man immer davon auszugehen, dass der CSP regelmäßig seine Subunternehmer hinsichtlich der dort eingesetzten technisch-organisatorischen Maßnahmen nach § 9 BDSG und dem Anhang zu § 9 BDSG überprüft. Es ist jedoch aus Praxissicht schwierig, dass in dieser Konstellation der CSP – wie es eigentlich gesetzlich erforderlich wäre – sich persönlich von der Einhaltung wirksamer Zugangs- und Zugriffsbeschränkungen kontrolliert wird oder die sonstigen Erfordernissen aus § 11 BDSG überprüft werden. In der Praxis wird daher Cloud-Computing im Bereich der Weitergabe personenbezogener Daten von den Datenschutzbehörden aktuell höchst kritisch gesehen. Nach überwiegender Auffassung ist die Übermittlung personenbezogener Daten im Wege des Cloud-Computing nämlich immer nur dann zulässig, wenn die hohen Anforderungen der Datenverarbeitung im Auftrag nach § 11 BDSG auch tatsächlich erfüllt werden (s.o.).

Ein zusätzliches Problem stellt der Auslandsbezug dar. Denn oft werden beim Cloud-Computing Rechenzentren auf der ganzen Welt vorgehalten, von denen der Kunde letztendlich den Standort *nicht* weiß. Das bedeutet: Personenbezogene Daten werden z. B. in Indien, China oder den USA (also in der „Cloud") verarbeitet, ohne dass der Auftraggeber über den tatsächlichen Ort, an dem sich seine Daten befinden, überhaupt Kenntnis hat. Wie komplex eine derartige Übermittlung von Daten in das Ausland sein kann, wurde im vorhergehenden Kapitel beschrieben.

Auf einen Blick: Datenverarbeitung im Auftrag

- Geregelt in § 11 BDSG.
- Es ist zwingend und schriftlich ein Vertrag erforderlich, der die zehn Punkte aus § 11 Abs. 2 BDSG enthält.
- Wird dieser Vertrag inhaltlich nicht korrekt abgeschlossen, liegt bereits ein Bußgeldtatbestand vor.
- Zusätzlich ist der beauftragte Dienstleister hinsichtlich der technisch-organisatorischen Maßnahmen zu überprüfen.
- Die Überprüfung hat erstmals vor der Beauftragung zu erfolgen.
- Im Anschluss hieran muss die Überprüfung regelmäßig durchgeführt werden (in der Regel jährlich).
- Die Datenübermittlung in das Ausland muss getrennt hiervon geprüft werden (s.o.).
- Beim Einsatz von Cloud-Computing sind die Anforderungen aus § 11 BDSG zu beachten.

6. Kapitel

Technische Organisatorische Maßnahmen/ Datensicherheit

In der Umgangssprache und nicht datenschutzrechtlichen Literatur werden die Begriffe Datensicherheit und Datenschutz oft unsauber verwendet oder sogar miteinander verwechselt. Wichtig für das Verständnis ist deshalb zunächst, welche Unterschiede hier in der Systematik der Begriffe bestehen.

1. Datenschutz und Datensicherheit

a) Grundsätze

Der Begriff Datenschutz stellt den Überbegriff zur Datensicherheit dar. Die Datensicherheit bildet also eine Schnittmenge im Datenschutz insgesamt.

> **BEISPIEL:** Ein Unternehmen in der Direktmarketingbranche generiert online Leads, die zur Bewerbung von Interessenten verwendet werden. Im Bereich des Datenschutzes sind hier zu beachten:
> – ordnungsgemäße Einwilligungserklärung
> – korrekte datenschutzrechtliche Hinweise auf der Webseite
> – korrekte datenschutzrechtliche Verwendung des Adressmaterials.
> Die IT-Abteilung stellt sich die Frage, welche konkreten Anforderungen im Bereich Datensicherheit an das Unternehmen zu stellen sind. Hier geht es also um Fragen wie:

- Ausgestaltung der Serverräume
- Absicherung des Servers durch Firewall
- Virenschutz.

Sowohl zum Datenschutz (sieh hier die Kapitel I – IV dieses Buches) als auch zur Datensicherheit existieren spezifische gesetzliche Regelungen.

b) Gesetzliche Rahmenbedingungen

Im Bereich der eigentlichen datenschutzrechtlichen Regelung gelten die entsprechenden Vorschriften für alle Unternehmen immer gleich. Es spielt also keine Rolle, welche Größe und Mitarbeiterzahl ein Unternehmen hat und in welcher Branche es tätig ist.

> **BEISPIEL: Unternehmen 1:**
> Ist ein international tätiges Telekommunikationsunternehmen mit mehr als 1.000 Mitarbeitern. Es bietet Kunden neben Telefonie auch Hosting und Manged Server-Leistungen an.
> **Unternehmen 2:**
> Ist eine traditionelle Metzgerei mit 15 Mitarbeitern.

Im Bereich des *Datenschutzes* gilt das BSG ohne Auslegungsspielraum für beide Unternehmen. Es müssen also beide Gesellschaften beispielsweise einen Datenschutzbeauftragten nach § 4 f BDSG bestellen und wenn sie z.B. Printwerbung verschicken wollen, müssen beide Unternehmen einen schriftlichen Hinweis auf dem entsprechenden Werbemailing nach § 28 Abs. 4 S. 2 BDSG anbringen. Das BDSG kennt hier also keine Unterschiede.

Anders ist dies im Bereich der Datensicherheit. Die gesetzlichen Vorschriften hierzu sind vom Gesetzgeber *ganz bewusst* sehr weit und offen gehalten und können so individuell auf die Erfordernisse des jeweiligen Unternehmens angepasst werden. Maßgeblich ist hier § 9 BDSG in Verbindung mit dem Anhang zu § 9 BDSG, welcher die folgenden – sehr allgemeinen – Anforderungen an die technischen-organisatorischen Maßnahmen eines Unternehmens stellt:

Anhang zu § 9 BDSG

Werden personenbezogene Daten automatisiert verarbeitet oder genutzt, ist die innerbehördliche oder innerbetriebliche Organisation so zu gestalten, dass sie den besonderen Anforderungen des Datenschutzes gerecht wird. Dabei sind insbesondere Maßnahmen zu treffen, die je nach der Art der zu schützenden personenbezogenen Daten oder Datenkategorien geeignet sind,

1. Unbefugten den Zutritt zu Datenverarbeitungsanlagen, mit denen personenbezogene Daten verarbeitet oder genutzt werden, zu verwehren (Zutrittskontrolle),

2. zu verhindern, dass Datenverarbeitungssysteme von Unbefugten genutzt werden können (Zugangskontrolle),

3. zu gewährleisten, dass die zur Benutzung eines Datenverarbeitungssystems Berechtigten ausschließlich auf die ihrer Zugriffsberechtigung unterliegenden Daten zugreifen können, und dass personenbezogene Daten bei der Verarbeitung, Nutzung und nach der Speicherung nicht unbefugt gelesen, kopiert, verändert oder entfernt werden können (Zugriffskontrolle),

4. zu gewährleisten, dass personenbezogene Daten bei der elektronischen Übertragung oder während ihres Transports oder ihrer Speicherung auf Datenträger nicht unbefugt gelesen, kopiert, verändert oder entfernt werden können, und dass überprüft und festgestellt werden kann, an welche Stellen eine Übermittlung personenbezogener Daten durch Einrichtungen zur Datenübertragung vorgesehen ist (Weitergabekontrolle),

5. zu gewährleisten, dass nachträglich überprüft und festgestellt werden kann, ob und von wem personenbezogene Daten in Datenverarbeitungssysteme eingegeben, verändert oder entfernt worden sind (Eingabekontrolle),

6. zu gewährleisten, dass personenbezogene Daten, die im Auftrag verarbeitet werden, nur entsprechend den Weisungen des Auftraggebers verarbeitet werden können (Auftragskontrolle),

7. zu gewährleisten, dass personenbezogene Daten gegen zufällige Zerstörung oder Verlust geschützt sind (Verfügbarkeitskontrolle),

8. zu gewährleisten, dass zu unterschiedlichen Zwecken erhobene Daten getrennt verarbeitet werden können.

Eine Maßnahme nach Satz 2 Nummer 2 bis 4 ist insbesondere die Verwendung von dem Stand der Technik entsprechenden Verschlüsselungsverfahren

Auch wenn IT-Fachleute über diese sehr allgemeinen Anforderungen manchmal sehr enttäuscht sind, so machen die Regelungen im Gesamtbild doch Sinn: Denn durch die allgemein gehaltenen Formulierungen ist es in der Anwendungspraxis möglich, die Vorschrift so anzuwenden, dass sie auch tatsächlich auf das jeweilige Unternehmen passt.

Das wird besonders am einleitenden Beispiel deutlich: Bei Unternehmen 1 (das Telekommunikationsunternehmen) wird der Bereich Datensicherheit und IT-Sicherheit eine ganz zentrale Rolle spielen. Es werden hier personell, finanziell und sachlich erhebliche Ressourcen für die Umsetzung bereitgestellt werden, die meist einen erheblichen Anteil des gesamten Unternehmensbudgets ausmachen.

Bei Unternehmen 2 (der Metzgerei) werden hingegen in der Praxis nur die Basisanforderungen im Bereich Datensicherheit umgesetzt werden. Das Thema spielt insgesamt nur eine untergeordnete Rolle.

Für beide Unternehmen gilt aber dieselbe rechtliche Vorschrift: § 9 BDSG und die Anlage zu § 9 BDSG.

Für die Praxis bedeutet das also: Im Bereich Datensicherheit müssen die oben genannten allgemeinen gesetzlichen Vorschriften im Bereich Datensicherheit so umgesetzt werden, dass ein angemessenes und spezifisch für das Unternehmen passendes Datensicherheitsniveau entsteht.

Datensicherheit und Datenschutz werden oft unsauber verwendet oder sogar miteinander verwechselt. Wichtig für das Verständnis ist deshalb zunächst, welche Unterschiede hier in der Systematik der Begriffe bestehen.

2. Auditierungen

a) Alternativen

In der Praxis stellt sich die Frage, an welche konkreten Standards die Vorschrift des § 9 BDSG in Verbindung mit der Anlage zu § 9 BDSG auszulegen ist. Um hier der Unterschiedlichkeit einzelner Unternehmen Rechnung zu tragen (s.o. im Beispiel Unternehmen 1 und Unternehmen 2), wird von den Datenschutzbehörden kein spezifisches Datensicherheitskonzept verlangt oder vorgegeben. Solange es für die individuellen Anforderungen des Unternehmens ausreichend ist, ist auch eine individuell erstellte Datensicherheitsstruktur ausreichend, wenn dies die o.g. Anforderungen grundsätzlich erfüllt.

> **BEISPIEL:** Ein kleines Maklerunternehmen mit vier Mitarbeitern nimmt die Liste aus dem Anhang zu § 9 BDSG und überlegt sich zu jedem Punkt dort eine individuelle Lösung für das Unternehmen.
> Die Liste hat insgesamt zwei Seiten.

Datenschutzrechtlich wäre dieses Vorgehen absolut ausreichend, sofern tatsächlich zu jedem Punkt eine ausreichende Umsetzung dokumentiert wird.

Bei größeren Unternehmen bietet es sich aber an, sich an von den Datenschutzbehörden allgemeinen anerkannten Standards zu orientieren. Dies sind:

Die wichtigsten IT-Schutzkonzepte im Überblick:

- – IT-Grundschutzkatalog
- – ISO TR 13335;
- – CobiT;
- – ITSEC/Common Criteria;
- – ISO/IEC 17799 und BS 7799.

b) Einzelne IT-Sicherheitskonzepte

aa) IT-Grundschutzkatalog

Der IT-Grundschuztkatalog (früher: IT-Grundschutzhandbuch) hat das Ziel, durch organisatorische, infrastrukturelle und personelle sowie technische Maßnahmen ein gewisses Sicherheitsniveau aufzubauen. Die IT-Grundschutzkataloge werden vom Bundesamt für Sicherheit in der Informationstechnik kostenfrei online zur Verfügung gestellt und laufend an den neuesten Stand der Technik angepasst.

In den vorgenannten Katalogen werden unter anderem die nachfolgenden Kataloge bereitgestellt:

- ■ Infrastruktur

- ■ Organisation

- Personal
- Hard- und Software
- Kommunikation
- Notfallvorsorge

Konsequent angewendet unterteilt sich eine Anwendung des IT-Grundschutzkataloges in die folgenden Arbeitsschritte:

- IT-Strukturanalyse
- Schutzbedarffeststellung
- Modellierung
- Basis-Sicherheitscheck
- Ergänzende Sicherheitsanalyse
- Realisierung von IT-Sicherheitsmaßnahmen

Inhaltlich wenden sich die IT-Grundschutzkataloge sowohl an Behörden, als auch an Unternehmen sämtlicher Größenordnungen. In der Praxis sind diese tendenziell ab einer mittelständischen Unternehmensgröße geeignet.

Die IT-Grundschutzkataloge werden ca. zweimal pro Jahr aktualisiert, wobei vor allem die technischen Inhalte angepasst werden. Ein weiterer Vorteil besteht darin, dass zertifizierte Auditoren existieren, welche ein Unternehmen prüfen können und im Anschluss hieran ein sog. IT-Grundschutzzertifikat vergeben.

Aber auch für kleinere Unternehmen und Unternehmen, die den IT-Grundschutzkatalog aus diversen anderen Gründen nicht *insgesamt* anwenden wollen, bieten einzelne Kataloge in der Praxis oft wichtige Hinweise und Auslegungshilfen:

BEISPIEL: Ein Unternehmen möchte seinen Mitarbeitern mobil mit Laptops Zugriff auf das Firmennetzwerk geben. Es stellt sich die Frage, wie ein entsprechender VPN Zugang konkret auszugestalten ist, um bei einer datenschutzrechtlichen Prüfung durch eine Behörde keine Probleme zu bekommen.

In diesem Beispiel bietet die entsprechende Stelle des IT-Grundschutzkataloges eine sehr spezifische und technisch detaillierte Anleitung, wie ein entsprechender VPN-Zugang auszusehen hat. Da die IT-Grundschutzkataloge von allen Datenschutzbehörden als Standard anerkannt sind, besteht bei einer solchen Umsetzung kein Risiko, dass eine Behörde, beispielsweise bei einer Prüfung, zu dem Ergebnis kommt, dass die Anforderungen aus § 9 und dem Anhang zu § 9 BSG nicht erfüllt sind.

Abschließend sei noch darauf hingewiesen, dass mittlerweile Vertragswerke einzelner großer Unternehmen und Konzerne Klauseln enthalten, die eine Zertifizierung nach dem IT-Grundschutzkatalog zwingend voraussetzen.

bb) CobiT

„CobiT" steht für: Control Objectives for Information and Related Technology. Die Methode wurde vom ISACA-Institut (Information System Audit and Control Association, www.isaca.org) entwickelt und behandelt Prozesse zur Entwicklung eines Kontrollumfelds zur Begrenzung der IT-Risiken.

Zu den Zielgruppen von CobiT gehören:

- der Nutzer: zur besseren Abschätzung der Zuverlässigkeit und Kontrolle von IT-Dienstleistungen, die intern oder von Dritten erbracht werden;

- die Unternehmensführung: zur Unterstützung beim Abwägen zwischen Risiken und den Investitionen für Kontrollmaßnahmen;

- der Prüfer: zur sachlichen Begründung von Prüfungsaussagen und bei der Beratung im Rahmen des Aufbaus und des Betriebs interner Kontrollen und

- der IT-Verantwortliche: zur Unterstützung bei seiner Arbeit.

Nach der dritten Ausgabe im Jahr 2000 wird CobiT als „open source" Standard veröffentlich, d.h. es ist ähnlich wie das IT-Grundschutzhandbuch frei verfügbar und im Internet abrufbar.

CobiT stellt ein sehr umfangreiches Prüf- und Überwachungssystem für den Bereich IT-Sicherheit und Systemumgebung dar. Wegen der

Veröffentlichung ausschließlich in englischer Sprache und einer internationalen Bedeutung, bietet es sich gerade für internationale Unternehmen an. Die CobiT-Prüfungsmaßstäbe sind deshalb weltweit verbreitet und werden oft bei international tätigen Wirtschaftsprüfungsgesellschaften eingesetzt.

cc) ISO 9000

Im Gegensatz zu den IT-Grundschutzkatalogen und CobiT, die sich gezielt mit der IT-Infrastruktur eines Unternehmens befassen, ist es das Ziel der ISO 9000 Normen, ein allgemeines Qualitätsmanagement bei den internen Prozessen eines Unternehmens zu definieren. Das entsprechende Zertifikat kann vom Unternehmen zusätzlich zu Marketingzwecken, bei vertraglichen Forderungen der Kunden sowie zur Vorlage bei Behördenprüfungen verwendet werden.

Integraler Bestandteil einer ISO 9000 Zertifizierung ist jeweils auch, ob die IT-Infrastruktur in den Kundenanforderungen genügt und für den Geschäftszweck angemessen ist. ISO 9000 stellt dabei eine sog. DIN-Norm dar, welche unabhängig von der Größe des Unternehmens anwendbar ist. Zertifizierungen sind also für jede Unternehmensgröße möglich. Wir die IT-Grundschutzkataloge werden auch die ISO 9000 Normen regelmäßig aktualisiert und dem technischen Fortschritt angepasst. Die Zertifizierungen nach ISO 9000 werden von akkreditierten unabhängigen Stellen durchgeführt und die Prüfung wird in Form eines Zertifikats dokumentiert.

Wie oben bereits erläutert, handelt es sich bei einer Zertifizierung nach ISO 9000 nicht, wie bei einer Zertifizierung den IT-Grundschutzkatalogen und bei einer Zertifizierung nach CobiT, um einen auf die IT-Infrastruktur beschränkten Prüfungsvorgang. Die Prüfung erfolgt für das gesamte Unternehmen und die IT-Infrastruktur stellt nur einen Teil der Gesamtprüfung dar. Wegen der Kundenperspektive schafft eine ISO 9000 Zertifizierung deshalb sicherlich Marketingvorteile. Empfehlenswert kann deshalb auch eine ergänzende Zertifizierung nach ISO 9000 zusätzlich zu einem eigenen Sicherheitskonzept sein.

dd) ISO/IEC 17799 und BS 7799

Auch bei ISO/IEC 17799 und BS 7799 handelt es sich um eine DIN-Norm. Die Vorschriften stellen einen umfassenden Maßnahmekatalog auf, der einem *Best-Practice-Ansatz* in der Informationssicherheit genügen soll. BS 7799 hat in Teil 1 die Aufgabe diese Maßnahmen darzustellen während Teil 2 eine Basis für die Beurteilung eines Informationssicherheits-Managementsystems bildet.

Geprüft werden nach diesem IT-Sicherheitskonzept die Bereiche:

- Sicherheitspolitik;

- Organisation der Sicherheit;

- Einstufung und Kontrolle der Werte;

- personelle Sicherheit;

- physische und umgebungsbezogene Sicherheit;

- Management der Kommunikation und des Betriebs;

- Zugangskontrollen;

- Systementwicklung und Wartung;

- Management des kontinuierlichen Geschäftsbetriebs und

- Einhaltung der Verpflichtungen.

Grundsätzlich wenden sich ISO/IEC 17799 und BS 7799 sowohl an Behörden und Unternehmen unabhängig von ihrer jeweiligen Unternehmensgröße, wobei wegen der Komplexität der Prüfung meist eine Auditierung bei größeren Unternehmen erfolgt.

3. Umsetzung in der Praxis

a) Dokumentation technisch-organisatorischer Maßnahmen

Falls ein Unternehmen keine der oben dargestellten Auditierungen (im weiteren Sinne) umsetzt, sollten in jedem Falle die technisch-organisatorischen Maßnahmen dokumentiert werden, welche nach § 9 BDSG und dem Anhang zu § 9 BDSG erforderlich sind.

BEISPIEL: Ein mittelständisches Logistikunternehmen wird von großen Konzernen die zum Kundenkreis zählen, vielfach aufgefordert, die eigenen technische-organisatorischen Maßnahmen darzustellen. Die hierzu erforderliche Übersicht wird von diesen Kunden im Rahmen der Vorabkontrolle bei der Datenverarbeitung im Auftrag angefordert.

Es ist insoweit für jedes Unternehmen wichtig, die eigenen technisch-organisatorischen Maßnahmen zu dokumentieren. Dies hat zwei Vorteile: Zum einen kann bei behördlichen Prüfungen dokumentiert werden, dass die technisch-organisatorischen Maßnahmen umgesetzt wurden. Zum anderen kann bei Vorabkontrollen, die bei einer Datenverarbeitung im Auftrag für ein anderes Unternehmen durchgeführt werden, auf die bestehende Dokumentation zurückgegriffen werden.

Im Beispielsfall könnten die technisch-organisatorischen Maßnahmen wie folgt dokumentiert werden:

Checkliste: Dokumentation technisch-organisatorischer Maßnahmen	
Regelungsinhalt	**Beispiele**
Zutrittskontrolle Technische bzw. organisatorische Maßnahmen zur Zutrittskontrolle zum Gebäude, insbesondere auch zur Legitimation der Berechtigten.	☐ Zutrittskontrollsystem, zentrale Schlüsselverwaltung, Magnetkarte ☐ Schlüssel/Schlüsselvergabe ist zentral und organisatorisch klar geregelt ☐ Klare Zuweisung der Berechtigungen (Zugang Gebäude, Büro, Serverraum) ☐ Gebäudeschutz an Wochenenden und Nachts gewährleistet ☐ Pförtner/Empfang mit Videoüberwachung ☐ Regelungen für Besucher (Besucherausweis, Begleitung im Gebäude) ☐ Videoüberwachung sensibler Bereiche des Gebäudes (Tiefgarage) ☐ Verschließen von Schränken und Büros bei Nichtanwesenheit
Zugangskontrolle Verhinderung, dass Datenverarbeitungssysteme von Unbefugten genutzt werden können.	☐ Dediziertes Kennwortverfahren zum Login [z.B. Klare Passwortregelung (bestimmte Länge, Kombination aus Buchstaben und Zahlen, keine Trivialpasswörter, Änderung in regelmäßigen Abständen). Voreingestellte Passwörter müssen umgehend geändert werden].

Checkliste: Dokumentation technisch-organisatorischer Maßnahmen	
Regelungsinhalt	Beispiele
	☐ Automatische Sperrung (z.B. Regelung zur automatischen Sperrung des Computers nach einer bestimmten Zeit der Inaktivität (ca. 5 min) mit anschließendem erneutem Login). ☐ Automatischer Standby-Betrieb der lokalen Rechner ☐ Verschlüsselung von Datenträgern möglich ☐ Besondere Vorsicht bei Mitnahme von Laptop/Datenträgern/Smartphones aus den Büroräumen heraus ☐ Möglichkeit der Fernlöschung von Smartphones
Zugriffskontrolle Es erfolgt eine bedarfsorientierte Ausgestaltung des Berechtigungskonzepts und der Zugriffsrechte sowie deren Überwachung und Protokollierung.	☐ Differenzierte Berechtigungen (Profile, Rollen) ☐ Differenziertes Ordnerkonzept (z.B. alle Dateien sind einheitlich und nachvollziehbar zu benennen und so abzuspeichern, dass sie problemlos wiedergefunden werden können). ☐ Datenträger sind eindeutig zu kennzeichnen und sicher aufzubewahren. ☐ Sichere Löschung von Daten und/ oder Vernichtung von Datenträgern. ☐ Ordnung am Arbeitsplatz [Datenträger (USB-Sticks, CD-ROMs) mit vertraulichem Material dürfen nicht offen herumliegen]. ☐ Anpassung sicherheitsrelevanter Standardeinstellungen von neuen Programmen und IT-Systemen ☐ Deinstallation bzw. Deaktivierung nicht benötigter sicherheitsrelevanter Programme und Funktionen (v.a. bei Smartphones)
Weitergabekontrolle Maßnahmen zum Schutz vor unbefugtem Lesen, Kopieren, Verändern oder Entfernen bei Transport, Übertragung und Übermittlung oder Speicherung auf Datenträger (manuell oder elektronisch) inkl. Möglichkeit der Überprüfung.	☐ Verschlüsselung (insbes. Laptops) ☐ Tunnelverbindung (VPN = Virtual Private Network) ☐ Elektronische Signatur möglich ☐ Keine Benutzung von nicht freigegebener Hard-/ Software ☐ Keine Weiterleitung von E-Mails an private E-Mail-Accounts von Mitarbeitern ☐ Vorsicht beim Umgang mit Backup-Bändern ☐ Vorgaben an Mitarbeiter bzgl. Ausdrucken von geheimen Unterlagen (Sicherstellung, dass kein Anderer Zugriff auf Ausdrucke bekommt). ☐ Regelung zum Einsatz von USB-Sticks und CD-ROMs
Eingabekontrolle Maßnahmen zur nachträglichen Überprüfung, ob und von wem Daten eingegeben, verändert oder entfernt (gelöscht) worden sind.	☐ Protokollierungs- und Protokollauswertungssysteme werden eingesetzt, bzw. sind als Teile von bestehenden Softwareapplikationen anwendbar ☐ Zugriff auf Datenverarbeitungssysteme nur nach Login möglich ☐ Keine Weitergabe von Passwörtern ☐ Zusätzlich zur automatischen Sperrung: manuelle Abmeldung beim Verlassen des Büros

195

Checkliste: Dokumentation technisch-organisatorischer Maßnahmen	
Regelungsinhalt	**Beispiele**
Auftragskontrolle Die Maßnahmen (technisch/ organisatorisch) zur Abgrenzung der Kompetenzen zwischen Auftraggeber und Auftragnehmer sind datenschutzrechtlich ausreichend geregelt.	☐ Eindeutige Vertragsgestaltung/Standardvertrag zu § 11 BDSG vorhanden ☐ Formalisierte Auftragserteilung (Auftragsformular) ☐ Kriterien zur Auswahl des Auftragnehmers wird stringent eingehalten ☐ Kontrolle der Vertragsausführung wird durch den DSB gewährleistet
Verfügbarkeitskontrolle Maßnahmen gegen zufällige Zerstörung oder Verlust von Daten (Datensicherung (physikalisch/logisch).	☐ Regelmäßige Backup-Verfahren ist sichergestellt (Definition: Welche Daten werden wie lange gesichert?; Einbeziehung von Laptops und nicht vernetzten Systemen; Regelmäßige Kontrolle der Sicherungsbänder; Dokumentierung der Sicherungsverfahren) ☐ Getrennte Aufbewahrung von Daten ist gewährleistet ☐ Virenschutz/Firewall nach aktuellem Stand der Technik ist gewährleistet ☐ Schutz gegen Feuer, Überhitzung, Wasserschäden, Überspannung und Stromausfall im Serverraum ☐ Notfallplan besteht und wird regelmäßig geübt ☐ Notstromversorgung/Unterbrechungsfreie Stromversorgung (USV) ☐ Besondere Vorsicht bei Mitnahme von Laptop/Datenträger aus den Büroräumen heraus ☐ Vertretungsregelungen, v.a. bzgl. Administrator
Sonstiges	☐ Erstellung einer Inventarliste (Nachvollziehbarkeit bei Verlust; Versicherungssumme) ☐ Checkliste für den Ein-/Austritt von Mitarbeitern (Berechtigung, Schlüssel, Unterweisung) ☐ Erstellung und regelmäßige Aktualisierung von Installations- und Systemdokumentationen ☐ regelmäßige Wartung

b) IT-Security Policy

Eine weitere Möglichkeit der Dokumentation der technisch-organisatorischen Maßnahmen besteht darin, diese in einer umfangreicheren IT-Security Policy niederzulegen. Dies hat mehrere Vorteile:

■ Zum einen werden die technisch-organisatorischen Maßnahmen dokumentiert (wichtig bei Prüfungen).

- Zum anderen kann die IT-Security Policy bei einer Vorabkontrolle nach § 11 BDSG (Datenverarbeitung im Auftrag) vorgelegt werden und schafft dabei zusätzliches Vertrauen.

- Schließlich schafft eine IT-Security Policy auch intern ein wichtiges Regelwerk, an dem sich Mitarbeiter beim Einsatz der IT-Infrastuktur orientieren können.

Checkliste: Regelungspunkte einer IT-Security Policy	
A. Allgemeines	
Regelungsinhalt	**Beispiele**
Einleitung	Aufbau der Policy, Zusammenspiel mit anderen Policies
Gültigkeitsbereich	☐ Unternehmen ☐ Verpflichtung von IT-Dienstleistern
Umsetzung/Ziele	☐ Zeitrahmen für die Umsetzung ☐ Ziel der Policy
Ansprechpartner	☐ IT-Sicherheitsbeauftragter ☐ Ansprechpartner für IT ☐ Klare Vertretungsregelung (inkl. Hinterlegung der Passwörter für Notfälle) ☐ Compliancebeauftragter
Verantwortliche	☐ Brandschutzverantwortlicher ☐ Verantwortlicher für die Durchsetzung dieser Policy ☐ Verantwortlich für Sanktionen
Berechtigungen	☐ Berechtigter für die Vergabe von Zugriffsrechten ☐ Berechtigter für die Schlüsselvergabe
Fortentwicklung	☐ Regelungen für die Aktualisierung und Fortentwicklung
Verfügbarkeit	☐ Wie wird die Policy bekannt gemacht? (Intranet, Schwarzes Brett) ☐ Wo kann sie eingesehen werden?
Änderungshistorie	Änderungen zur vorhergehenden Version
B. Technisch-organisatorische Maßnahmen	
Hier erfolgt typischerweise eine Darstellung der technisch-organisatorischen Maßnahmen im Unternehmen (siehe oben).	

Checkliste: Regelungspunkte einer IT-Security Policy	
C. Nutzer	
Regelungsinhalt	**Beispiele**
Private Nutzung	☐ Eine private Nutzung ist ausgeschlossen, insbesondere ist die Installation privater Programme untersagt.
Passwort- und Nutzungs-regelungen	☐ Einhaltung der Passwortvorgaben ☐ Nachvollziehbare Benennung von Dateien und nach-vollziehbare Speicherung ☐ Eindeutige Kennzeichnung von Datenträgern ☐ regelmäßig Datensicherungen ☐ Keine Benutzung von nicht freigegebener Hard-/ Software ☐ Sichere Löschung von Daten und/ oder Vernichtung von Datenträgern ☐ Ordnung am Arbeitsplatz (Datenträger (USB-Sticks, CD-ROMs) mit vertraulichem Material dürfen nicht offen herumliegen)
Regelwidrige Benutzung	Regelwidrig ist (z.B.): ☐ das unbefugte Einloggen unter dem Account eines Dritten; ☐ die Weitergabe von Zugangsberechtigungen an Dritte (Accounts und/oder Passwörter); ☐ der Zugriff auf Daten Dritter ohne deren Zustimmung; ☐ die Nutzung, das Kopieren und Verbreiten von urheberrechtlich geschütztem Material ohne Zustim-mung des Rechteinhabers; ☐ die Verfälschung urheberrechtlich geschützter elektro-nischer Dokumente; ☐ die Beschädigung oder technische Störung von IT-Infrastruktur; ☐ das Ausspähen von Passwörtern oder der Versuch des Ausspähens; ☐ die unberechtigte Manipulation oder Fälschung von Informationen, die der Identifizierung dienen.

Auf einen Blick: technisch-organisatorische Maßnahmen/Datensicherheit

- Geregelt in § 9 BDSG und Anhang zu § 9 BDSG.
- Regelung ist bewusst sehr offen und weit.
- Damit können die individuellen Unternehmensanforderungen an die IT-Sicherheit berücksichtig werden.
- Die Umsetzung muss *angemessen* sein.
- Eine Auditierung ist nicht zwingend erforderlich und findet tendenziell bei größeren Unternehmen statt.
- Gängige Verfahren sind hier: Auditierung und Prüfung nach dem IT-Grundschutz-Katalog, CobiT sowie ISO/IEC 17799 und BS 7799.
- Einzelne Fragestellungen können schnell und einfach im IT-Grundschutzkatalog nachgesehen werden, auch wenn insgesamt keine Zertifizierung erfolgt (z.B. wie muss ein korrekter VPN Zugang aussehen).
- Als Mindeststandard sind die technisch-organisatorischen Maßnahmen zu dokumentieren.
- Dies kann auch als Teil einer IT-Security Policy erfolgen, was zusätzliche Vorteile hat.

Sachverzeichnis

A

absolutes Beweisverwertungs-
  verbot 75
Absprungseiten 146
Adressbroking 7, 151
Agenturen 159
Allgemeinen Gleichbehand-
  lungsgesetzes 34
Anonymisierter Abgleich von
  Daten 108
Anonymisierung 24
Anonymizer 149
AO 61
Arbeitnehmerdatenschutz 29
Arbeitspapiere 63
Arbeitsvertrag 50
Arbeitszeitnachweise 62
ArbZG 61
Auditierungen 188
Aufsichtsbehörde 123
Aufsichtsbehörden 29
Auftragsdatenverarbeitung 26
AÜG 61
Auskunfteien 29
Auskunftsrechte 14
Auslandsbezug 176

B

Bankensektor 2
Beschwerderecht 111
Betriebsvereinbarung 77

Betriebsrat 58, 90, 117
  Datenschutz 91
Betriebsverfassungsrecht 91
Bewerberdaten 31
Bewerbungsprozess 31
Biometrische Verfahren 100
Bundesdatenschutzgesetz 1
Bundeszentralregistergesetz 35

C

Call-Center 89
Cloud-Computing 181
CobiT 189, 191
Comfirmed-Opt In 143
Compliance 109
Confirmed Opt-In 143
Conversion Rate 144
Cookies 136
CRM 131
CRM-System 133
CSP 181

D

Daten
  Ausspähen 106
  Berufsangaben 10
  Computerbetrug 107
  Computersabotage 107
  Datenveränderung 107
  Datenverarbeitungsanlagen
    12

Fälschung beweiserheblicher
Daten 107
Gewerkschaftszugehörigkeit
11, 114
personenbezogen 12, 63
politische Meinung 11
Religionszugehörigkeit 114
sensitiv 114
sensitive Daten 11
Telefon- und Faxnummern
10
Untreue 107
Versicherungs- oder Perso-
nalnummern 10
Datenauftragsverarbeitung 161
Datenerfassung, Verletzung von
Privatgeheimnissen 107
Datenerhebung 102
Datengeheimnis 50, 159
Datenpanne 111
Datenschutz
Gesetzliche Grundlagen 12
Grundsätze 13
Historie 1
rechtliche Grundlagen 9
Datenschutzbeauftragter 18,
25, 114
Abberufung 121
Aufgaben 119
Bestellung 114, 117
Haftung 122
intern und extern 123
Stellenbeschreibung 118
Datenschutzhinweis 136
Datenschutzpranger 21, 111
Datenschutzrechtliche Einwilli-
gung 139

Datenschutzreform 2009 20
Datenschutzskandale 4
Datensicherheit 15, 64
Datensparsamkeit 17, 24
Datenspeicherung, Arbeitsver-
hältnis 54
Datensubjekt 9
Datenverarbeitung 169
Täuschung im Rechtsverkehr
107
Datenvermeidung 17
Diensteanbieter 70
Dienstleister 159
Direkterhebung 130
Direktmarketing mit Einwilli-
gung 28
Direktmarketing ohne Einwilli-
gung 26
Drittland 177 f.
Düsseldorfer Kreis 144
Düsseldorfer Kreises 144

E

E-Mail-Nutzung 70
Eignungstest 42
Erstkontrolle 173
EStG 61
EU-Datenschutzrichtlinie 12,
59
EU-Standardvertragsklausel
179

F

facebook 40
facebook App 162

Federal Trade Commission 60,
178
Fernmeldegeheimnis 70
Fragerecht des Arbeitgebers 31
Funktionsübertragung 48

G

Gehaltsdaten 35
Gesundheitsdaten 37
Gewerkschaftszugehörigkeit
38
Gleichbehandlungsgesetz 39
Google Analytics 146
Google-Analytics 7
Google-Street View 6

H

Haftung 106
Harbour Principles 178
HDSG 1
HGB 61
Hinweispflicht 155

I

Impressum 134
Informationelle Selbstbestim-
mung 9
Informationspflichten 21
Inhaltsdaten 129
Interessentendaten 129
Interessenvertretung 89
Internetauftritt 134
Internetnutzung 70
ISO 9000 192

ISO TR 13335 189
ISO/IEC 17799 und BS 7799
189, 193
IT-Grundschutzkatalog 189
IT-Security Policy 196
IT-Sicherheitskonzepte 189
ITSEC/Common Criteria 189

J

Jedermannverzeichnis 20

K

Kontrolle 18
Konvertierungsrate 146
Konzernbezug 65
Konzernprivileg 45, 52, 65
Koppelungsverbot 29, 140
Korrekturrechte 14
Krankheiten 36
Kundendaten 129
Kündigungsschutz 122

L

LAG Berlin 72
Leadgenerierung 138
Leads 131
Leiharbeitsfirmen 58
leitender Angestellter 116
linkedin 40
Listenprivileg 133
Logfiles 73
Löschung 60
Beendigung des Arbeitsver-
hältnisses 61

M

Marketing 129
Medizinische Untersuchung 41
Merkblatt Datenschutz 53
Mitarbeiterschulung 113

N

Niederlegung, Arbeitsbedin-
gungen 63
Nutzerverhalten 144
Nutzungsdaten 129
Nutzungsprofile 131, 144

O

öffentliches Betriebsgelände 92,
95
Online Bewerbung 46
Online-Marketing 133
Ortungssysteme 97
Outplacementfirmen 58

P

Papierakte 63
Payback-Urteil 28
PDSV 12
Personalabteilung 31
Personalakte 63
Personalakten 63
    Personalaktensysteme 12
    elektronisch 63
Personalberater 48
Personenbezogene Daten 10
Pflichtverletzungen 101

Phishing 6
Postdienste-Datenschutzverord-
nung 12
Private Internet- und E-Mail-
Nutzung, Ansprüche des Ar-
beitnehmers 74
Pseudonymisierte Nutzung 110

R

Rechte des Arbeitnehmers 67
Rechtliche Risiken 16
Regeln der Internet und E-Mail
Nutzung 75
Religionsgemeinschaft 39
Religiöse Überzeugung 38
Rückzugsflächen 96, 127

S

Safe Harbour Principles 60
Sanktionen 16
Schutzwürdige Daten 34
Schwangerschaft 38
Schwerbehinderung 36
Scoring 29
sensible Daten 23
Sicherheitsüberprüfungsgesetz
57
Social Media 161
Sonderfall USA 178
Soziale Netzwerke 39
Spamming 143
Speicherdauer 43
Spendenwerbung 155
Sperrung 60
Stammdaten 31, 129

Strafbarkeit 106
Straftaten 101

T

Telefondaten 89
telefonische Kundenbetreuung 89
Telemediengesetz 9
TMG 9
Transparenzgebot 110

U

Übermittlung an Dritte 56
Übermittlung ins Ausland 58
Überstundennachweise 63
Unternehmensverkäufe 125
Unterrichtungspflicht 111, 130

V

Verarbeitung, automatisiert 12, 63
Verarbeitungstatbestände 11
Verbot mit Erlaubnisvorbehalt 13
Verbot privater Internet- und E-Mail-Nutzung 74

Verfahrensverzeichnis 120
Verfahrensverzeichnisse 18
Verhältnismäßigkeit 103 ff.
Versicherung 57
Vertrauensstellung 38
Verweildauer 146
Videoüberwachung 92
Volkszählungsgesetz 2
Volkszählungsurteil 1 f.
Vorabkontrolle 173
Vorstrafen 35

W

Web 2.0 161
Weitergabe im Konzern 44
Werbung 129
Wettbewerbsrechtliche Einwilligung 141
Widerspruchsrecht 155

X

XING 40

Z

Zweckgebundenheit 103